我有一双天使的翅膀

手足间的馈赠
——珍视伟大的友谊

◇主　编/杨　晶

哈尔滨工业大学出版社
HARBIN INSTITUTE OF TECHNOLOGY PRESS

图书在版编目（CIP）数据

手足间的馈赠:珍视伟大的友谊/杨晶主编. —哈尔滨：哈尔滨工业大学出版社，2014.6

（我有一双天使的翅膀）

ISBN 978-7-5603-4630-4

Ⅰ.①手… Ⅱ.①杨… Ⅲ.①儿童故事-作品集-中国-当代 Ⅳ.①Ⅰ287.5

中国版本图书馆CIP数据核字（2014）第040878号

编者声明

本书的编选，参阅了一些报刊和著作。由于联系上的困难，我们与部分作者未能取得联系，谨致深深的歉意。敬请原作者见到本书后，及时与我们联系，以便我们按国家有关规定支付稿酬。

联系电话：0451-86417530

我有一双天使的翅膀

手足间的馈赠——珍视伟大的友谊

策划编辑	甄淼淼
责任编辑	甄淼淼　常　雨　张鸿岩
插图绘制	孙　宇　刘美玲
封面设计	刘长友
出版发行	哈尔滨工业大学出版社
地　　址	哈尔滨市南岗区复华四道街10号
邮　　编	150006
网　　址	http://hitpress.hit.edu.cn
传　　真	0451-86414049
印　　刷	大庆日报社印刷厂
开　　本	720mm×980mm　1/16
印　　张	10
字　　数	112千字
版　　次	2014年6月第1版
印　　次	2014年6月第1次印刷
书　　号	ISBN 978-7-5603-4630-4
定　　价	26.80元

前言
Forewords

当春风吹红了桃花,花儿懂得了感谢;

当细雨滋润了大地,万物懂得了生命的开始;

当阳光照耀着笑脸,我们懂得了生活原来如此精彩……

我们倾注全心给小读者们奉上了本套《我有一双天使的翅膀》系列丛书,包括智慧、哲理、历史和童话等内容的小故事。

整套书文字浅显并配有精美图片,符合学生的阅读水平,所选取的皆为寓意深刻、富含哲理的小故事,堪称经典。此外,每一篇小故事都设有"名人名言"和"小故事大道理"等栏目,可以帮助小读者们更好地理解故事、感悟道理。

衷心希望小读者们能喜欢本套丛书,并且从中学到智慧、悟到哲理、知晓历史、品味读书的乐趣!

目录 Contents

第一辑　一瓶水酒

8	最勇敢的小伙伴
10	比金钱更持久的财富
12	圣诞节的卡片
15	一瓶水酒
18	生死跳伞
20	最仗义的动物
22	冠军忽然停下来
24	我们学会了相处
27	和什么人做邻居
29	虚假的友谊
31	再说一百遍
34	举手之劳的友谊

第二辑　螺蛳——见证我们的友情

40	那年冬天
42	钢琴上的黑白左右手
45	原来毛驴很厉害
47	代友受刑
49	小人物也不可忽视
51	沉默是金
54	铅笔刀的秘密
58	螺蛳——见证我们的友情
62	八年的承诺
66	球　约
69	二十四个人的力量

第三辑　通过好人认识好人

72	敲响生命
74	约会的日期
77	"需要资金吗？"
79	刘禹锡走向了荒凉
81	替胆小鬼辩护
83	这只小狗不吃肉
86	没有实现的诺言

我有一双天使的翅膀

89　谁是真正的冠军	122　室友和睦的公式
91　半夜来了神秘朋友	125　假如不挺身而出
94　通过好人认识好人	128　那片落叶最美丽
97　学会婉转地表达	

第五辑　朋友与陌路

99　战壕里的笑容

第四辑　最珍贵的礼物

102　每个人都有闪光点	132　一杯咖啡的价值
104　驼背老人的大碗拉面	134　谁是朋友
107　被埋四十八小时之后	137　靠窗的位置
109　为陌生人存款	140　二十三年后归来
111　最珍贵的礼物	142　哑巴打电话
114　天使很意外	144　一块钱老板
116　萝莉夫人喜爱头花	147　朋友与陌路
119　天堂里的真相	150　半个世纪的友谊
	152　朋友有什么用
	154　子弹瞄准大灰狼
	156　海这边的友情

编者寄语

亲爱的小读者们,我们每天都生活在爱的氛围中,有爸爸妈妈给我们的疼爱,有长辈们给我们的关爱。但是你知道吗?有一种爱是没有血缘关系的,它无关于金钱和地位,可它却是我们生活中最不可缺失的,这就是友爱!友谊需要朋友间用真诚和爱去滋润,你是否用真心去对待你的朋友了呢?

第一辑
一瓶水酒

有了朋友，生活才显出它全部的价值；一个人活着是为了朋友；保持自己生命的完整，不受时间侵蚀，也是为了朋友。

最勇敢的小伙伴   ◇佚名

> 友谊是一种温静与沉着的爱,为理智所引导,习惯所结成,从长久的认识与共同的契合而产生,没有嫉妒,也没有恐惧。
> ——荷麦

亨利和威尔逊每天都一起上学放学。

有一天,他俩走在回家的路上,在一个拐角的地方,突然看到一大群人围聚在一起,远远地还听到有人在发出痛苦的叫声。"肯定是有人在打架,"威尔逊说道,"走,亨利,我们过去看看。"

"不了,我们还是回家吧。打架是不好的事情。"亨利说完,便拉着威尔逊的手,准备走开。"你真是个胆小鬼!连打架也不敢去看。算了算了,你不去我去!"说着,威尔逊甩开亨利的手,往那堆人群里挤。

亨利也没说什么,一个人回家了。第二天,威尔逊一到学校,看到自己的伙伴就告诉他们亨利是一个胆小鬼,连人家打架都不敢去看。威尔逊的同学听到了,就和他一起嘲笑亨利。每次见到亨利,大家便嘲笑他,说他是个胆小鬼。但是亨利听后,并不以为然,他相信自己做的事是正确的,所以并没有和他们争论什么。

日子过了很久。有一天，威尔逊和他的伙伴们一起去河里游泳，正游得高兴、忘乎所以之时，威尔逊不小心掉进了深水里。此时，他那些勇敢的同伴们却吓坏了，一个个都飞快地爬上了岸，顾不上穿衣服就跑了。任凭威尔逊在河里大声呼喊，都没有人回去救他。

威尔逊看到同伴们一个个地离开了，越来越紧张，忘记了自我救护。就在这时，被他讥笑为胆小鬼的亨利恰好从旁边经过。他看到在水中挣扎的威尔逊，便不顾一切地跳进水里，游到深水区，二话不说，拖着威尔逊往岸边游去。亨利费尽了九牛二虎之力，终于把威尔逊救上了岸。

后来，威尔逊召集了自己的那些伙伴，告诉他们：亨利其实一点都不胆小，他是他们当中最勇敢的一个。

小故事大道理

"勇敢"并不是在平安环境中一声响亮的口号，而是在危险情况下的一次挺身而出。面对险情，不退缩、不胆怯、不犹豫不决，才称得上是真正勇敢的人。

比金钱更持久的财富

◇佚名

> 友谊永远是一个甜柔的责任，从来不是一种机会。
> ——纪伯伦

有一个美国富翁，一生商海沉浮，苦苦打拼，积累了上千万的财富。有一天，重病缠身的他把十个儿子叫到床前，向他们公布了他的遗产分配方案。他说："我一生财产有一千万，你们每人可得一百万，但有一个人必须独自拿出十万为我举办葬礼，还要拿出四十万元捐给福利院。作为补偿，我可以介绍十个朋友给他。"他最小的儿子选择了独自为他操办葬礼的方案。于是，富翁把他最好的十个朋友一一介绍给了他最小的儿子。

富翁死后，儿子们拿着各自的财产独立生活。由于平时他们大手大脚惯了，没过几

年，父亲留给他们的那些钱，就所剩无几了。最小的儿子在自己的账户上更是只剩下最后的一千美元，无奈之时，他想起了父亲给他介绍的十个朋友，于是决定把他们请来聚餐。

朋友们一起开开心心地美餐了一顿之后，说："在你们十个兄弟当中，你是唯一一个还记得我们的，为感谢你的深厚情谊，我们帮你一把吧！"于是，他们每个人给了他一头怀有牛犊的母牛和一千美元，还在生意上给了他很多指点。

依靠父亲的老友们的资助，富翁的小儿子开始步入商界。许多年以后，他成了一个比他父亲还要富有的大富豪，并且他一直与他父亲介绍的这十个朋友保持着密切的联系。他就是美国巨商费兰克·梅维尔。

成功后的梅维尔说："我父亲告诉过我，朋友比世界上所有的金钱都珍贵，朋友比世界上所有的财富都恒久。这话一点也不错。"

在这个世界上，金钱能给人一时的快乐和满足，但无法让你一辈子都拥有。而友谊和朋友却能给你一生的支持和鼓励，让你终身拥有快乐、温馨和富足。

好朋友是人生一笔最大的财富，也是一笔最恒久的财富。

小故事大道理

金钱能买到友情吗？答案是否定的，因为金钱能买到的是利益，当你不再提供金钱的时候，对方就会弃你而去。钱财是身外之物，有时候，千金都难买到的纯洁友情，却可以依靠信任与真诚轻松获取。

圣诞节的卡片

◇泰瑞莎·彼得森

[真正的友情,是一株成长缓慢的植物。
　　　　　　　　——华盛顿]

　　害羞而内敛的爱比,进入市中心的市区中学,开始上二年级的课。她从没料到自己会陷入孤单,而且很快就发现,自己非常怀念一年级的那些老同学。那个班级人数不多,可是每个人都十分友善,不像现在的新同学,个个冷漠无比,板着一张脸。

　　在这个新学校里,似乎没人在意爱比是不是受欢迎。爱比平常也很关心别人,但是她害羞的个性使她很难交到朋友,哦!当然啦,她偶尔还是会有些朋友,你知道的,就是那种利用她的善良欺骗她,占她便宜的人。

　　爱比每天走过长廊就好像根本不存在似的,没有人和她说话,因此她的声音也没人听得到,而最后她终于相信自己的想法不值得一提,因此她继续保持沉默,几乎像个哑巴。

　　她的父母开始担心她会一直交不到朋友,而且他们离婚了,爱比也许会迫切需要和自己的朋友谈一谈。她的父母用尽各种方法,想要帮助她适应新环境,他们买衣服和唱片给她,可还是没有用。不幸的是,爱比的父母并不知道,爱比已经开始考虑结束自己的生命。她时常哭着入睡,并相信这个世界上再也没人愿意真诚地和她做朋友。她的新伙伴泰咪假装自己做不来,利用爱比帮她做功课。更糟糕的是,泰咪还因为其他好玩的事而抛下爱比,这逼得爱比更想走上绝路。

夏天过后,情况变得更糟了。爱比一个人整天无所事事,只能胡思乱想,她让自己相信生活就只能是这样,依她看来,这日子一点都不值得继续过下去。她升上三年级以后,加入当地教会的一个青少年团体,希望借此交些朋友。而那里的人,表面上很欢迎她,但私底下却希望她不要加入他们的圈子。

快到圣诞节的时候,爱比已经陷入极度低潮的境地,每晚都必须靠安眠药才能入睡。她好像已经逐渐远离了这个世界。到最后,她决定趁圣诞夜她父母外出参加派对时跳河自杀。她离开温暖的屋子,准备走一段长路到桥上去。不过她决定先在信箱里留个字条给父母,她拉开信箱的门,看见里面已经有好几封信。她拿出那些信,看看是谁寄来的。一封是祖父母寄来的,有几封是邻居放的……接着她就看到有一封是寄给她的!她急忙把信打开,那是青少年团体里一个男孩寄来的卡片。

亲爱的爱比:

  我很抱歉没能早一点和你谈话,因为我父母正在办离婚手续,所以我没机会和人多说话。我希望你能帮我解决一些父母离婚的小孩会碰到的问题,我觉得我们可以当好朋友,互相帮忙。星期天在青少年团体见!

卫斯理

爱比盯着卡片看了好久,读了一遍又一遍"当好朋友",她露出微笑,明白有人真正关心她的生活,而且希望和平凡安静的爱比做朋友。她感觉好特别。

她转身回到屋里,进门第一件事就是打电话给卫斯理。我想你可以说卫斯理是个圣诞节的奇迹吧!因为友谊是你能送人的最佳礼物。

小故事大道理

友谊是一张记载温情的卡片,是一句淡淡的问候,是当你遇到困难时及时伸出的一双温暖的手。只要心中有爱,友谊便地久天长。

一瓶水酒

◇佚名

> 君子不镜于水，而镜于人。镜于水，见面之容；镜于人，则知凶与吉。
> ——墨翟

一个富翁，年轻时家里很穷，从小就生存在饥饿和窘迫之中。然而最使他难忘并终生感恩的是小伙伴们对他无私、真诚的帮助与呵护。只要小伙伴手里有两块糖果，肯定就会有他的一块；小伙伴手里有一个馍馍，那肯定有他的一半。

在贫穷和饥饿之中，还有什么比这些东西更宝贵的呢？

一眨眼三十年过去了。在这段时间里，世界上的许多事情都变了模样。此时，富翁步入中年。外出的他已今非昔比，三十年的奔波劳碌，他一路风尘地走了过来，成为一个稳健、精明、魅力非凡的企业家。有一天，少小离家的他动了思乡之念，于是在一个艳阳高照的日子里，富翁回到了家乡。

当日，他走遍全村，感谢叔伯大爷、兄弟姐妹这些年来对父母的照顾，并给每家送了一份礼品。夜里，富翁在自家的堂屋里摆桌请客，赴宴者全是从小光着屁股一块长大的玩伴。

按那里的风俗,赴宴者都要带点礼品表示谢意。大家来的时候,都带着礼品,有的还很丰厚。富翁令人一一收下,准备宴席之后,请大家带回。

正在大家热热闹闹、布菜斟酒的时候,门开了,一个儿时旧友走进门来,他的手里提着一瓶酒,连声说:"对不起,我来晚了。"

大家都知道这个朋友日子过得很艰难,此情此景,一点儿不亚于富翁儿时。富翁起身,接过朋友提来的酒,并把他拉到自己身边的座位上坐下,朋友的眼里闪过几丝不易觉察的慌乱。

富翁亲自把盏,他举着手里的酒瓶,说:"今天,我们就先喝这一瓶酒,如何?"一边说,一边给大家一一倒满,然后他们一饮而尽。

"味道怎样?"富翁问。所有赴宴者面面相觑,默不作声。旧友更是面红耳赤,低下了头。

富翁瞧了一眼全场,沉吟片刻,慢慢地说:"这些年来,我走了很多地方,喝过各种各样的酒,但是,没有一种酒比今天的酒更好喝,更有味道,更让我感动。"说着,他站起身,拿起酒瓶,又一次给大家斟酒,"再干一杯!"

喝完之后,富翁的眼睛湿润了,朋友也情难自抑,流泪了。

他们喝的哪里是酒,分明是一瓶水!

世界上还有比这更感人的场面吗?还有比这更宝贵的东西吗?朋友不以贫穷自卑,提一瓶水也要去看看儿时的朋友;发迹的富翁不忘旧情,大受感动,情不自禁,以致泪下,这瓶"水酒"可真的是含着重如泰山、穿越世俗的真情!所以当我们身边的人,在人生路上遇到艰难、陷入泥泞之时,朋友,请伸出你的手来,把你的温暖、关怀送给他们,他们将因此而充满笑迎风雪的勇气和力量。真正的友谊像陈年老酒,珍藏多年,于开启时,香气四溢,令人回味无穷。

小故事大道理

"君子之交淡如水"是对这则故事最好的诠释,真正的友谊经得起时间的考验,也不受贫穷与富贵的干扰,它平淡如水却散发着浓郁的醇香。

生死跳伞
◇苏景义

> 亲善产生幸福，文明带来和谐。
> ——雨果

汤姆有一架自己的小型飞机。一天，汤姆和好友库尔乘飞机飞过一个人迹罕至的海峡。飞机已经飞行了两个半小时，再有半小时，就可以到达目的地。忽然，汤姆发现飞机上的油料不多了，估计是油箱漏油了，因为起飞前，他刚给油箱加满了油。

汤姆将这个消息传达后，库尔一阵惊慌，汤姆安慰他："没关系，我们有降落伞！"说着，他将操纵杆交给库尔，走向机尾拿来了降落伞。汤姆在库尔身边放了一个降落伞袋，然后说："库尔，我的好兄弟，我先跳，你开好飞机在适当的时候再跳吧！"说完，他跳了下去。

飞机上就剩库尔一人了。这时，仪表显示油料已尽，飞机在靠滑翔无力地向前飞着。库尔决定也跳下去，于是，他一手扳紧操纵杆，一手抓过降落伞

包。他一掏,大惊,包里没有降落伞,而是一包汤姆的旧衣服!库尔咬牙大骂汤姆!没伞就不能跳,没油料靠滑翔是飞不了多久的!库尔急得浑身冒汗,只好使尽浑身解数,往前能开多远算多远。

飞机无力地朝前飞着,往下降着,与海面的距离越来越近……就在库尔彻底绝望时,奇迹出现了——一片海岸出现在眼前。他大喜,用力猛拉操纵杆,飞机贴着海面冲过去,嗵的一声撞落在松软的海滩上,库尔晕了过去。半个月后,库尔回到他和汤姆居住的小镇。他拎着那个装着旧衣服的伞包来到汤姆的家门外,发出狮子般的怒吼:"汤姆,你这个出卖朋友的家伙,给我滚出来!"汤姆的妻子和三个孩子跑出来,一齐问他发生了什么。库尔很生气地讲了事情的经过,并抖动着那个包,大声说:"看,他就是用这个东西骗我的!他没想到我没死,真是老天保佑!"

汤姆的妻子说了声"他一直没有回来",就认真翻看那个包。旧衣服被倒出来后,她从包底拿出一张纸片。她看了一眼,就大哭起来。

库尔一愣,拿过字条来看。纸上有两行极潦草的字,是汤姆的笔迹,写的是:

"库尔,我的好兄弟,机下是鲨鱼区,跳下去必死无疑;不跳,没油的飞机不堪重负,会很快坠海。我先跳下后,飞机减轻了重量,肯定能滑翔过去……你就大胆地向前开吧,祝你成功!"

小故事大道理

用生命谱写的友谊之歌凄婉动人、荡气回肠,那是人间最珍贵的乐章!

最仗义的动物 ◇佚名

> 君子之交淡若水,小人之交甘若醴;君子淡以亲,小人甘以绝。
> ——庄周

　　一群伐木工人来到亚马孙河岸的森林砍伐树木,电锯发出巨大的轰鸣声,动物们都吓得四散逃离。然而,就在此时,伐木工人发现了一个很奇怪的现象,在他们不远处的一棵树木旁,围着一群树虎。难道它们不害怕这电锯的轰鸣声吗?而且,他们之前听说过树虎是非常怕人的,可是,为什么现在这些树虎不走呢?工人们百思不得其解。

　　这时,一个工人大胆地朝那群树虎走去,想去探个究竟。

　　走过去一看,原来,树干上有一只动弹不得的树虎,看来它是被树胶给粘住了。可是,那些能逃跑的树虎为什么不走呢?

　　忙碌的工人并没有多大的心思去理会这些动物,在轰轰作响的电锯声中,没有一只树虎逃离。

　　一天吃过饭后,正在休息的工人们突然间发现一个奇怪的现象:那些能跑动的树虎轮流地去找食物,然后慢慢地喂给那只被树

胶粘住的树虎吃。

工人们似乎一下子明白过来了。原来,在一千只树虎里,总会有一只被树胶粘住,从此再也不能动弹,然而,一动不动的树虎仍然能活很多年。因为周围的树虎都不忍心离开它,它们会轮番给它喂食物。被树胶粘住的树虎无法走动,所以成群的树虎心甘情愿地留下来陪伴它。

小故事大道理

友谊不仅存在于人与人之间,也存在于动物之间,它们用最简单的方式表达了对同伴最伟大的爱,这种爱足以感动人类,创造奇迹。

冠军忽然停下来
◇佚名

[朋而不心，面朋也；友而不心，面友也。
——扬雄]

儿子刚上二年级，这年，他代表班级参加学校运动会。为了鼓励孩子，我也放下了工作，前去观看助威。

发令枪一响，跑道上的九个孩子飞快地跑了起来。远远地，我站在终点线上，看见儿子渐渐地领先于其他的孩子了，便大声地喊着："儿子，加油！儿子，加油……"

突然，一个男孩子跌倒了，而且鞋子也被甩出了好远。跑在他后面的孩子大声喊着："刘凯，站起来，加油啊！"说着，紧跑了几步，来到跌倒的孩子身边。

跑在前面的儿子听到后面的声响，也转过身去看了看。

这时，他们班那些同学朝他嚷道："李明，别回

头，赶紧往前跑啊！"

儿子听着自己班里同学的声音，又看了看摔在地上的同学，迟疑着。我在终点这边焦急地跺着脚，多希望儿子趁着其他的同学都停下来的时候，快速地往前跑啊。

可是，儿子的决定让所有人都很惊讶——他竟然跑了回去，把那个同学甩出去的鞋子拿了回来，并帮那个同学穿上，然后扶他起来。这时，儿子还热情地拥抱了一下那个男孩，嘴里似乎还在说着什么。之后，他们几个手拉着手，一起慢慢地跑向了终点。此时，体育场上的所有人都鼓起了掌，欢呼声一浪高过一浪。儿子并没有因为失去了第一名而失落，相反的，我看见他脸上挂着幸福的笑容！

回家的路上，我问儿子为什么会返回去扶起那个男孩。儿子不假思索地回答道："因为他是我最好的朋友，我不能丢下他！"

小故事大道理

小孩子的心灵是最纯净的，没有丝毫世俗的尘染、功利的驱使，故事中的小主人公宁愿失去赢得冠军的机会也要伸手帮助跌倒的同伴，正是对"友谊第一，比赛第二"的最好诠释。

我们学会了相处

◇高志芳

> 友谊既不需要奴隶,也不允许有统治者,友谊喜欢平等。
> ——冈察各夫

成长,让一切变得猝不及防。我们站在青春的门槛前,一边是少年的清纯,一边是成人的沧桑。当我们开始以纯真的自我融入异己的社会,一时间,成长的烦恼与压力就变得无处不在。而我们的生命,便是在对烦恼的不断承受、克服、化解中一天天地蜕变、成长、定型的。

成长中,最渴望的是与人交往,最烦恼的也是与人相处。军训,便是在忐忑、不安、惶恐中向我走来……第一天晚上,我边整理着行李边留意着满室的谈笑。早听说,同一寝室里常常会为了一点芝麻绿豆大的事闹起冷战。我这个寝室长只盼望我们216寝室是块"吉祥福地",这五天千万别闹出什么事。

然而,不想发生的还是发生了。导火线便是宿舍的打水问题。

"我睡上铺,下来麻烦,打水吗……"

"我靠门远,下回轮我吧。"

"我也不行,反正我也不常用水,打水就请你们代劳吧!"

彼此推托的后果便是一番激烈的争吵。不大的房间里硝烟弥漫,气氛极为紧张。

其实,寝室里原来有几瓶热水,但捷足先登的三个女孩将水用得一滴不剩,又不肯去打。其他人也赌气地闷坐着,这才引发了"战争"。

离熄灯还有二十分钟,小姐们却没有行动的意思。最后,我只得苦笑着站起身向开水间走去。回来的路上,我边走边想:这些人怎么这样自私,这五天还不知道会有什么事呢!

我的预言很快实现了。

半夜里,我被一阵嘈杂声吵醒。隔着月色,看到是上铺的三个女孩正在穿衣下床。不到五分钟,其他人也探身一看究竟,原来那三位小姐拉肚子了。恰巧,她们正是先前抢到水的几位。大概是那瓶水不太干净,我这样猜测着。

由于先前的争吵,大家冷着眼看她们上上下下。寝室里不时还有几个不友好的声音:"谁要你们刚才那么不客气,活该!"

这时,那三位的脸色难看极了。

过了一会儿,终于有人忍不住,爬起来递上几粒家里带来的药片。其他人也不再看热闹,或是上前安慰,或是倒来热水给她们服药。坐在一旁的我暗自感谢着这场突如其来的病,真是多亏了它,不是吗?

一切又回复了平静。然而,黑暗中传来一阵哭声,是那位先前抢水最凶的女孩:"都怪我,若不是贪那点小便宜,也不会自讨苦吃,现在怎么办呢?明天还有训练。"

女孩的哭声感染了其他两位同病相怜的室友,她们也哭了。但

这一回,不再有幸灾乐祸,不再有嘲笑讽刺,只有那不知何时响起的歌声回旋在小小的房间里。

驱走了不安,消融了冰冷。这一室的温暖渐渐倦了我的眼,歌声也渐渐地轻了,轻了……

第二天,我心急火燎地想去打水,却意外地发现水瓶都灌满了热水。我蓦然回头,昨晚的三位"病人"早已起床,正向我投来清晨最美的笑容。她们真的"好"了。

之后的几天,过得很快,也很顺利。临行前,我向挂着"最佳寝室"锦旗的216寝室投去最后一眼,嘴边也漾出了五天来最舒心、最坦然的笑。

小故事大道理

与人相处并非难事,只要我们能够将心比心,诚恳地对待身边的人,在他们需要的时候热情地伸出一双手,再大的矛盾都会迎刃而解。

和什么人做邻居

◇佚名

[像橡树般一寸寸成长起来的友情,要比像瓜蔓般突然蹿起来的友情更为可靠。

——夏洛蒂·勃朗特]

在一个西方国家,一个牧场主养了许多羊。他一直细心地照料着这些羊,生怕丢了一只或死了一只。但令他头疼的是,他的邻居是个猎户,院子里养了一群凶猛的猎狗。这些猎狗经常跳过栅栏,袭击牧场里的小羊羔。牧场主几次请猎户把狗关好,但猎户不以为然,口头上答应他,却没有任何实际行动。

一天,他家的猎狗又跳进牧场横冲直撞,咬伤了好几只小羊。这下牧场主被激怒了,想到自己辛辛苦苦养的小羊就这样成了别人的牺牲品,实在忍无可忍!于是,牧场主找到镇上的法官评理。听了他的控诉,明理的法官说:"我可以处罚那个猎户,也可以发布法令让他把狗锁起来,但这样一来你就失去了一个朋友,多了一个敌人。你是愿意和敌人做邻居呢?还是和朋友做邻居?"

"当然是和朋友做邻居。"牧场主不假思索地回答。

"那好,我给你出个主意,如果你按我说的去做,不但可以保

证你的羊群不再受骚扰，还会为你赢得一个友好的邻居。"法官小声对牧场主交代一番，牧场主连连点头。一到家，牧场主就按法官说的挑选了三只最可爱的小羊羔，送给猎户的三个儿子。看到洁白温顺的小羊，孩子们如获至宝，每天放学都要在院子里和小羊羔玩耍嬉戏。因为怕猎狗伤害到儿子们的小羊，猎户飞快地做了一个大铁笼，把猎狗结结实实地锁了起来。从此，牧场主的羊群再也没有受到骚扰。为了答谢牧场主的好意，猎户开始送各种野味给他，牧场主也不时用羊肉和奶酪回赠猎户，渐渐地，两人成了好朋友。

小故事大道理

有时候，想交一个朋友还是想树立一个敌人，完全取决于你自己。运用你的聪明智慧吧，必要的时候"化敌为友"也是一个明智之举。

虚假的友谊

◇佚名

[自制的友谊要比买来的友谊更持久。
——里根]

从前，有个忠实的小伙子叫阿曼，一个人住在一间小屋子里。他非常勤劳，拥有一座村庄里最美丽的花园。小阿曼有很多朋友，其中有一个跟他最要好的朋友，叫大休，是个磨坊主。磨坊主是个很富有的人，他总自称是小阿曼最忠厚的朋友，因此他每次到小阿曼的花园来时，都以最好的朋友的身份拎走一大篮子美丽的鲜花，在水果成熟的季节还拿走许多水果。

磨坊主经常说："真正的朋友就该分享一切。"但他却从来没有给过小阿曼什么回赠。冬天的时候，小阿曼的花园枯萎了。"忠实的"磨坊主朋友却从来没去看望过孤独、寒冷、饥饿的小阿曼。

磨坊主在家里发表他关于友谊的高论:"冬天去看小阿曼是不恰当的,人们经受困难的时候心情烦躁,这时候必须让他们拥有一份宁静,去打扰他们是不好的。而春天来的时候就不一样了,小阿曼花园里的花都开放了,我去他那儿采回一大篮子鲜花,这会让他多么高兴啊!"

磨坊主天真无邪的儿子问他:"爸爸,为什么不让小阿曼到咱们家来呢?我会把我的好吃的、好玩的都分给他一半。"

谁想到磨坊主却被儿子的话气坏了,怒斥道:"如果小阿曼来到我们家,看到了我们烧得暖烘烘的火炉,丰盛的晚饭以及甜美的红葡萄酒,他就会心生妒意,而嫉妒是友谊的天敌。"

小故事大道理

真正的友谊是纯洁而高尚的,经得起时间的考验。有时也许它并不那么显眼,因而常常被我们忽略,但它一定会在你最需要的时候发光发热。

再说一百遍
◇储成剑

[真正的友谊,是需要保持一定的距离的。有距离,才会有尊重;有尊重,友谊才会天长地久。
——尤今]

我常常无限感慨,"再说一百遍"这样一句滑稽透顶的反击之言,蕴藏着多少智慧呀!

那时候我们不过十六七岁,在一所名不见经传的医校读书。睡在我上铺的是一个姓陈的同学。因为肥胖,每次上下床的时候,陈同学总是将床铺弄得地动山摇。有一天晚上,在他又一次笨拙地向床上攀缘时,我终于忍无可忍,冲他咆哮起来:"你个猪,不能轻一点吗?"

我的同学立即停止了动作,整个人僵硬地落在地上。他神态窘迫地扫视了寝室一圈,几个唯恐天下不乱的同学正在窃窃坏笑。他随即向我侧过脸来,一脸狐疑地盯着我问:"你刚才跟我说什么?"

我知道我说了一句粗话,"猪"的帽子怎么可以扣在人的头上呢?但话又说回来,情急之下谁没有失言的时候啊!老实说,那句话一飞出口,我在心里就懊悔不已了!可是,面对陈同学咄咄逼人

的质问,我索性摆出一副泼皮的样子,我甚至故意清了清喉咙,字正腔圆地告诉他:"你个猪,不能轻一点吗?"

我的话音未落,寝室里已经乱成一片,几个同学互相扮着鬼脸,似乎正在期待一场好戏的开演。与此同时,陈同学的脸忽地涨成了猪肝色。在他寒气逼人的目光里,我的心猛然间变得拔凉拔凉的。我有一种不祥的预感,暴风雨就要来了!

"请你再说一遍!"陈同学吐出这句话时,完全是一副咬牙切齿的样子。似乎只要我再重复一遍那句粗俗之言,他就会将我眼前这个完整的世界愤然击碎。但在这样的时刻,在众目睽睽之下,我觉得自己已经毫无选择,我想我唯一能做的就是坚强地挺住。于是,我再次故作强硬地重复了一遍那句已让我悔之切切的粗话,同时下意识地捏紧了拳头。

"请你再说一百遍!"陈同学恶狠狠地吼叫起来。一刹那,所有的人都蒙了,我的思维也仿佛凝固了。不知过了多久,寝室里骤然爆发出一片大笑。那几个原本躲在角落里"观虎斗"的同学,一个个笑得前仰后合、东倒西歪。我也不知道哪根神经受到触动,也莫名其妙地跟着笑了起来。而那位脸红脖子粗的陈同学,竟也情不自禁地咧开了嘴⋯⋯一场剑拔弩张的"战争"就这样天

折了。令人称奇的是,从那以后,我和陈同学竟然成了无话不谈的好兄弟。

时光悠悠,一晃我们已经作别校园十多年了,当年睡在上铺的陈同学如今已在一所知名的医院里担任要职。回首往事,我常常无限感慨,"再说一百遍"这样一句滑稽透顶的反击之言,挽狂澜于在即,化干戈为玉帛,这里面蕴藏着多少人生智慧啊!

小故事大道理

"再说一百遍"看似平常却蕴涵幽默的话语,不但化解了一场即将爆发的"战争",而且让两个人从此成了无话不谈的朋友。可见,生活处处皆智慧。

举手之劳的友谊 ◇张羽

> 挚友如异体同心。
> ——亚里士多德

　　如果有患难见真情的知己，如果有一辈子忠诚的友谊，那当然值得庆幸，可是，还有许多萍水相逢或者举手之劳的友谊，为什么不积少成多地加以享用或者珍惜？爱情多为可遇不可求，而友情则是俯拾即是的，如果爱情是住在星星里的话，那么友情应该就是住在房间的每一盏灯火里。

　　我们经常严格地像筛选爱情一样去面对友情，结果错失了许多好人、贵人、有意思的人，甚至是可爱的坏人。爱情是排他的，而友谊应该是兼容的，愈多愈好，爱情是奇花异葩，而友情则是满眼看到的绿色。

　　母亲曾教导我们说，乞丐和王子都可以是你的朋友。我是记着这一句话出门的，因为这一辈子我是离不开人类的。

　　记得在读初中时，我们班里有个外号叫"阿长"的同学，很奇怪在不知不觉中，他成了千夫所指的坏人，几乎大家都恨他

"坏"，都拒绝和他说话。而我成了他唯一的救星，是他可以依赖的朋友，甚至是兄弟。而事实上，我什么都没有做，没有付出什么，只是去厕所的时候，顺便也让他"跟"着，在教室里正常地叫他的大名，放学路上与他点头打招呼……没有刻意的感情投资，没有努力的感情培育，只是把他当作一个普通的同学，如果有什么不同之举，那就是没有把他当"坏人"。结果，我成了他一辈子感念、感谢与感动的朋友，在他后来的人生旅程里，每一次的荣耀、喜事或者壮举，都要与我分享，我居然是他的恩人！这样的结果，是我始料未及的。

　　武则天有个亲戚叫武三思，他曾说过一句可以留传至今的话——对我好的人就是好人，对我坏的人就是坏人。我只是曾经没有把那位同学当作坏人，结果我就成了他心目中一辈子的好人。这是多么划算的一件美事。王朔的小说里有个人物说：朋友只有两种，一是可以睡的，二是不可以睡的。在一位老板眼里，只有"有用的人"与"无用的人"。在我家小狗眼里，只有熟悉的人与陌生的人。显然世界如果是这样区分的话，我们会流失许多机会与友谊。

　　有一次去香港旅游，在参观某庙宇时，同行有位信基督教的朋友很恭敬地站在菩萨神像前，深深地鞠了躬。过去碰到这样的人，他们一般是拒绝进去的，我好奇地问他原因，他淡淡地笑着说：只要是慈爱的、善的神，都值得尊敬。事实上，不同的人，可以为我们打开不同的窗口。我们很难有黑白分明的奢侈。我还有许多内向或者所谓长相特别困难的朋友。这类所谓"社交弱势族群"一般是不会主动与你打交道的，所以我们常常会误会他们的无措、木讷、冷淡与回避。而一旦你打开了对方的心灵，他们往往会是

你最忠诚和执着的朋友。也许与你接触不多，但是，他一定常常让你会心一笑，而且很温暖。而我更多的朋友是旅途里的一面之交，是同行、是保姆、是邮差、是的士司机、是送水员，五湖四海皆兄弟。而每天几乎都要碰头的菜市场小商贩，更是我如鱼得水的"社交主角"，有卖豆腐的小妹、有卖鱼的大伯、有卖青菜的少妇，还有卖海鲜的姐妹，当然还有卖肉的大哥，至于水果店，我更是常客。每次挑苹果或者枇杷等水果时，相貌一般满脸雀斑的老板娘总是热心地给我建议："有斑点、造型不匀称的最甜了，不要只挑好看的！"她说的是真理。她和她丈夫都把我当亲人看，绝对真诚，如果哪一天货不好，她就会把我拉到一边耳语："今天不好，明天来！"每次去农贸市场，他们这些大小老板都会欢欣鼓舞、奔走相告。有位工商局的朋友曾问我："你怎么有那么好的人缘？而且是在那个地方。"我知道他好奇的是后面那句话，我很耐心通俗地说了好多理由，一我喜欢被人喜欢，所以我喜欢他们；二与他们好，

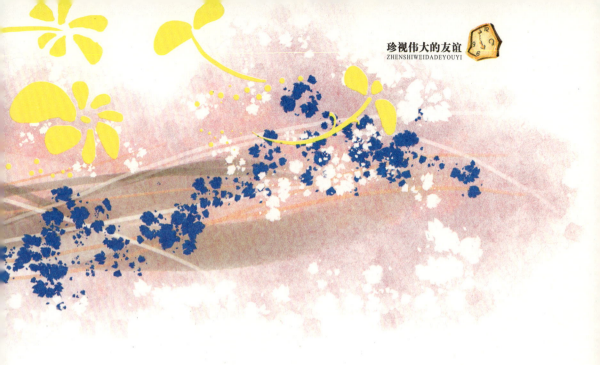

对自己也好,东西有品质保证,他们不会骗我,价格也比别人便宜。我又是怎么成了他们认为"高攀"的朋友呢?我一般固定找一家买一类东西,不三心二意朝三暮四,也不讨价还价甚至不问价格,如果有人多找给我钱我主动退回,微笑,跟他们聊天气,不摆消费者的臭架子,就这么简单,我成了他们的朋友、明星,这是多么容易的一件事,举手之劳。

真心的人是快乐幸福的。真诚待人,其实是最爱自己的方法。心理学博士杰克博格说,人类内心深处一直渴求被了解,正如花朵需求阳光照射一样。友善的人际关系,其实就是从了解开始,一点一滴建立起来的。有了这样的认识及准备后,我们就可以把世界上的人分为两类——一种是初次见面就非常喜欢投缘的人;另外一种是经过了解之后才发现他原来是一个这么可爱的人。我们经常傲慢地从内心就开始拒绝了解你身边经过的或者面对的人,理解是从了解开始的,所以,很多时候,你的善意就是从微笑或者简单的一个

问候开始。朋友不一定非要轰轰烈烈才真,像与小商贩这样简朴、平凡甚至短命的友情,也许不中看,但是中用,其实也很美好。因为人类都有缺点与不足之处,所以我们必须互相帮助。

最简单的帮助,就是拿他当朋友一样对待。其实也不难,有颗真挚的热心足矣!

小故事大道理

想要得到真正的友谊并不是要为对方做出什么惊天动地的大事,也并不需要付出太多的努力,只要我们在平时交往的过程中,能用一颗真挚的心去对待每一个人,那么你会在不经意间得到很多珍贵的友谊。

第二辑
螺蛳——见证我们的友情

我们相信血浓于水的亲情，相信至死不渝的爱情，我们也相信亘古不变的友情。

朋友，愿我们的友情永不变！

那年冬天 ◇佚名

> 世间最美好的东西，莫过于有几个头脑和心地都很正直的严正的朋友。
> ——爱因斯坦

和往常一样，那年的冬天依然很冷，第一场雪就在夜里悄悄地落下了。走在雪中，被白色的光亮所包围，人也显得格外精神，但总是感觉很冷、很冷……女孩原本是不喜欢冬天的，因为她从小身体就不怎么好。从记事起，冬天里，她几乎从开始到最后都是在感冒中度过的，总是昏昏沉沉，天天像沉睡过去了一般，那些平常的药，对她来说，根本不起作用，所以渐渐地她也习惯了这些，习惯了感冒。

女孩参加工作了，却不能在父母身边，她学会了独立，学会了照顾自己。女孩终于长大了，慢慢地脱去了幼稚，但每当一个人寂寞的时候，或者因为寒冷

身体不适的时候,她不由得还是想到了父母,想到了家中的温暖,对于游子来说,从心底最渴望的也许就是一份关心和温暖吧。

女孩独自在雪中漫步,也许是因为她对寒冷的惧怕,加深了她对雪中浪漫的追求,她喜欢看着雪花静静地飘落。忽地一个身影跳到她的面前,吓了一跳,原来是她最好的朋友。几年来,她们一直保持着一种很好的友情,互相关心,互相帮助。

有了好友的陪伴,便不再孤单了,她们互相关心着对方最近的发展,不知不觉身后留下她们的脚印。好友好像突然想到了什么,从包里掏出来一个东西,非得让女孩闭上眼睛,女孩很乖地把眼睛闭上了,好友把一个暖融融的东西围到了她的脖子上——是围巾,女孩睁开眼,看到了一条很漂亮的带着小花的围巾。

好友看着她,说是专门为她赶织的。对她,好友再了解不过了,身体不好,还很任性,一个人不好好在家待着,总喜欢往外跑,希望女孩以后工作和出去玩时戴上围巾,至少能抵挡一点儿寒冷,不至于总是感冒。

女孩一句话都说不出来,心里所流动的,不只是感动,更多的是温暖。当今的社会,人越来越现实,越来越虚伪,似乎除了父母和爱人,就再也找不到肯用心关心你的人了。常说人生得一知己足矣,而此刻,她的知己就在她的身边,时时刻刻地关心着她,而她始终都是幸福的。

从那时起,女孩永远记住了那个雪天,记住了落雪中的美丽。

小故事大道理

冬日里,一条漂亮的围巾传递了对朋友的关心与爱。也许围巾并不能阻挡风雪,却能温暖心底。

钢琴上的黑白左右手

◇蒋光宇

> 和你一同笑过的人,你可能把他忘掉;但是和你一同哭过的人,你却永远不会忘。
> ——纪伯伦

1983年春天,玛格丽特·帕崔克走进"东南老人疗养中心",开始了她的疗养生活。

米莉·麦格修是疗养中心的一位细心的员工,当她向玛格丽特介绍疗养中心的基本情况的时候,注意到玛格丽特盯着钢琴看的一瞬间,流露出异常痛苦的神情。

"怎么了?"米莉关切地问。

"没什么,"玛格丽特柔声说,"只是看到钢琴,勾起了我的许多回忆。"

米莉默默聆听眼前这位黑人钢琴演奏家谈起她过去辉煌的音乐生涯,不禁为玛格丽特残废的右手深感惋惜。

"您稍等一下,我马上就回来。"米莉突然有所醒悟地说,过了一会儿,她回来了,身后紧跟着一位娇小带着厚重眼镜的白人妇女。

"这位是玛格丽特·帕崔克。"米莉帮他们互相介绍,"这位是露丝·艾因柏格,也曾是优秀的钢琴演奏家,但现在跟您一样,自从中风后,就没办法弹琴了。艾因柏格太太有健全的右手,而玛格丽特太太有健全的左手,我有种预感,只要你们默契合作,一定可以弹奏出优美的作品。"

"您熟悉肖邦D大调的华尔兹吗?"露丝客气地问。玛格丽特点点头:"非常高兴能认识您,我们的确可以试一试。"

于是,两人并肩坐在钢琴前的长椅上。琴键上出现两只健全的手,一只是黑色的,另一只是白色的。这黑白左右两只手,流畅协调且很有节奏感地在键盘上跳动。

从那天起,她们经常一起坐在钢琴前——玛格丽特残废的右手搭住露丝的肩膀,露丝残废的左手搁在玛格丽特膝上。露丝用健全的右手弹主旋律,玛格丽特用灵活的左手弹伴奏曲。她们同坐在钢琴前,共享的东西不只是音乐,除肖邦、贝多芬和施特劳斯的音乐外,她们发现彼此的共同点比想象的要多得多——两人在丈夫去世后都过着单身生活,两人都是很好的祖母,两人都失去了儿子,两人都有一颗奉献的心。但若失去了对方,她们独自演奏钢琴是根本不可能的。

露丝听见玛格丽特自言自语地说:"我被剥夺了演奏钢琴的能力,但上帝给了我露丝。"

露丝诚恳地对玛格丽特说："这五年来，你也深深地影响、温暖了我，是上帝的奇迹将我们结合在一起。"

随着时间的推移，她们的演奏越来越完美，她们在电视、教堂、学校、老人之家康复中心频频露面，备受欢迎，甚至超越了过去的辉煌。因为她们不仅让听众感受到了音乐的快乐，更让他们感受到了爱的力量。

当灾难降临的时候，只靠自己的力量可能无法摆脱厄运。玛格丽特和露丝的故事让我们懂得了，爱能使我们互相扶持，更能在这个世界上创造出伟大的奇迹！

小故事大道理

一只白手和一只黑手，欢快地舞于琴键之间，我相信，两位不幸的钢琴演奏家并不是因为能再次弹奏乐曲而感到欣喜，而是为找到了真正的知己而感恩命运的赐予。

原来毛驴很厉害
◇佚名

友谊和花香一样，还是淡一点的比较好，越淡的香气越使人依恋，也越能持久。
——席慕蓉

有一天，黑马和毛驴结伴进山区去驮物资。

在平坦的大道上，黑马扬起健壮的四蹄，不一会儿就把毛驴甩在了后边。这时，黑马回过头看了看远处的毛驴，只见它摇着两只大耳朵，仍然在不紧不慢地走着，急得黑马不停地朝毛驴大叫："蠢驴，你怎么不走快点？看你那慢吞吞的样子，我们什么时候才能到达目的地？"虽然黑马嘲笑它，叫它蠢驴，但是，毛驴一点儿不生气，也不泄气，依然不紧不慢地向前走着。

而黑马依旧是快跑一段后，又停下来冲毛驴大喊大叫，嘲笑毛驴像蜗牛一样。

这样走着，很快，它们就把平川大道走完了，进入了山区。

山区的道路变得狭窄而陡峭，崎岖不平的道路使得黑马的速度明显的慢了下来，然而，毛驴却加快了速度，很快就超过了黑马。黑马非常不甘心落在后面，于是便奋力追赶着，奈何毛驴就

像装了加速器一样,越走越快了,而黑马虽然已经大汗淋漓,却依旧落在后面好大一截。"蠢驴,你为什么突然间走得这么快了?"黑马不服气地问道。

毛驴停了下来,耐心地等着黑马走过来,然后认真地说:"术业有专攻,人各有所长。"黑马听了之后,非常惭愧地低下了头。似乎是经过很久的思想斗争,黑马突然对毛驴说:"伙计,我能跟你学习走山路的技巧吗?"

"好啊。"毛驴高兴地点了点头。

于是,这一路上,黑马虚心地跟毛驴学习在山区走路的技巧,在学习中,它们成了无话不谈的好朋友。回来的路上,它们通力合作,互相帮助,圆满地完成了任务。这以后,黑马和毛驴,便时常一起干活儿,一起玩耍,感情日渐深厚,成了让其他动物羡慕的一对好朋友。

小故事大道理

每个人都有自己的优势与劣势,我们应该学习他人的长处,逐渐改变自己的短处。在相互学习的同时更能促进友谊,可谓一举两得。

代友受刑 ◇王一夫

> 友谊是两颗心真诚相待，而不是一颗心对另一颗心的敲打。
> ——鲁迅

世界上最珍贵的感情，莫过于朋友之间的信任。

有个年轻人触犯了国王，被判绞刑，在某个法定的日子里将被处死。

年轻人是个孝子，在临死前，他希望能与远在百里之外的母亲见最后一面，表达他对母亲的歉意，因为他不能为母亲养老送终了。国王感其诚孝，决定让这个人回家与母亲相见，但条件是他必须找到一个人来帮他坐牢，否则，他的这一愿望只能是镜中花、水中月。但是，有谁肯冒着杀头的危险替别人坐牢，这岂不是自寻死路吗？然而在茫茫人海中，就有一个人不怕死，而且真的愿意替别人坐牢，他就是年轻人的朋友达蒙。达蒙住进牢房后，年轻人回家与母亲诀别。人们静观事

态的发展。

　　时间如水般流逝，年轻人一去不回。眼看刑期在即，年轻人仍然没有回来的迹象。一时间人们议论纷纷，都说达蒙上了年轻人的当。行刑当日是个雨天，当达蒙被押赴刑场时，围观的人都幸灾乐祸地笑他愚蠢。但刑车上的达蒙，不但面无惧色，反而有一腔慷慨赴死的豪情。追魂炮被点燃了，绞索也已挂在了达蒙的脖子上。胆小的人紧闭了双眼，他们在内心深处为达蒙深深惋惜，并憎恨那个出卖朋友的小人。就在这千钧一发之际，年轻人飞奔而来，他喊着："我回来了！我回来了！"

　　这真是人世间最感人的一幕。人们都以为自己是在梦中，但事实不容怀疑。这个消息宛如长了翅膀，很快便传到国王的耳中。

　　国王亲自赶到刑场，他要亲眼看一看自己优秀的子民。最终国王欣慰地为年轻人松了绑，赦免了他的罪行。

小故事大道理

　　信任是架起两个人友谊的桥梁，当信任达到了以生死为筹码的高度时，友情也升华到了至高的境界，甚至胜于亲情和爱情。

小人物也不可忽视 ◇佚名

> 友情在过去的生活里，就像一盏明灯，照彻了我的灵魂，使我的生存有了一点点光彩。
> ——巴金

鹰王和鹰后从遥远的地方飞到远离人类的森林。它们打算在密林深处定居下来，于是就挑选了一棵又高又大、枝繁叶茂的橡树，在最高的一根树枝上开始筑巢，准备夏天在这儿孵养后代。

鼹鼠听到这个消息，大着胆子向鹰王提出警告："这棵橡树可不是安全的住所，它的根几乎烂光了，随时都有倒掉的危险。你们最好不要在这儿筑巢。"

嘿，这真是咄咄怪事！老鹰还需要鼹鼠来提醒？它们这些躲在洞里的家伙，难道能否认老鹰的眼睛是锐利的吗？鼹鼠是什么东西，竟然胆敢跑出来干涉鸟大王的事情？鹰王根本瞧不起鼹鼠的劝告，立刻动手筑巢，并且当天就把全家搬了进去。不久，鹰后孵出了一窝可爱的小家伙。

一天早晨，正当太阳升起来的时候，外出打猎的鹰王带着丰盛的早餐飞回家来。然而，那棵橡树已经倒掉了，它的鹰后和子女都

已经摔死了。

　　看见眼前的情景，鹰王悲痛不已，它放声大哭道："我多么不幸啊！我把最好的忠告当成了耳边风，所以，命运就给予我这样严厉的惩罚。我从来不曾料到，一只鼹鼠的警告竟会是这样准确，真是怪事！真是怪事！"

　　"轻视从下面来的忠告是愚蠢的，"谦恭的鼹鼠答道，"你想一想，我就在地底下打洞，和树根十分接近，树根是好是坏，有谁还会比我知道得更清楚呢？"

小故事大道理

　　对于朋友的忠告，我们应该常记于心，如果只当成耳旁风的话，最后自己肯定会吃大亏。此外，我们交朋友时不应该按对方的身份、相貌去衡量，往往看上去最不起眼的那个人，会成为对你帮助最大的人。

沉默是金 ◇秦文君

[挑选朋友要慎重，更换朋友要更慎重。
　　　　　　　　——富兰克林]

　　他念初三，隔着窄窄的过道，同排坐着一个女生，她的名字非常特别，叫冷月。冷月是个任性的女孩，白衣素裙，下巴抬得高高的，有点拒人千里之外的意味。冷月轻易不与人交往，有一次他将书包甩上肩时动作过大了，把她漂亮的铅笔盒打落在地，她拧起眉毛望着不知所措的他，但终于抿着嘴没说一句不中听的话。

　　他对她的沉默心存感激。

　　不久，冷月住院了。据说她患了肺炎。男生看着过道那边空座位上的纸屑，便悄悄地捡去扔了。

　　男生的父亲是肿瘤医院的主治医生，有一天回来就问儿子认不认识一个叫冷月的女孩，还说她得了不治之症，连手术都无法做了，唯有等待，等待那最可怕的结局。

　　以后，男生每天都把冷月的空座位擦拭一遍，但他没有对任何人吐露这件事。

三个月后,冷月来上学了,仍是白衣素裙,加上脸色苍白。班里没有人知道真相,连冷月本人也以为诊断书上仅仅写着肺炎。她患的是绝症,而她又是一个忧郁脆弱的女孩,她的父母把她送回学校,是为了让她安然度过最后的日子。

男生变了,他常常主动与冷月说话,在她脸色格外苍白时为她打来热水;在她偶尔唱一支歌时为她热烈鼓掌;还有一次,听说她生日,他买来贺卡动员全班同学在卡上签名。

大家纷纷议论,相互挤眉弄眼说他是冷月最忠实的骑士,冷月得知后躲着他。

可他一如既往,缄口为贵,没有向任何人吐露一点风声,因为那消息若是传到冷月耳里,一定是杀伤力很大的一把利刃。

这期间,冷月高烧过几次,忽而住院,忽而来学校,但她的座位始终被擦拭得一尘不染,大家渐渐已习惯了他对冷月异乎寻常的关切以及温情。

直到有一天,奇迹发生了。冷月体内的癌细胞突然找不到了,医生给他新开了痊愈的诊断,说是高烧在非常偶然的情况下会杀伤癌细胞,这种概率也许是十万分之一,纯属奇迹。这时,冷月才知道发生的一切,才知道邻桌的他竟

是她主治医生的儿子。

冷月给男生写了一张字条，只有六个字：谢谢你的沉默。男生没有回字条，他想起了以前那件小事上她的沉默。

小故事大道理

男孩在得知冷月的病情后，并没有向任何人透露一个字，而是顶着压力默默地帮助冷月。男孩的沉默为女孩创造了奇迹，这不得不让我们相信，沉默有时是解决问题的最佳方式。

铅笔刀的秘密
◇侯月怡

[没有朋友也没有敌人的人，就是凡夫俗子。
——拉法特]

因为一只鞋的后跟破了，我拿去修理。当时正下着雨，距我家最近的鞋摊没有出来，只好到另一个远一点的鞋摊去。离鞋摊还有十米左右，我看见我的同学松苇和修鞋叔叔坐在一起，叔叔一面开心说笑，一面修鞋。我以为他也来修鞋，便招呼他，你也来了？他很吃惊，确切地说，他显得有些惊慌失措，声音微颤着："嗯，来修鞋。"接着，那修鞋的叔叔便很大声地说："好了，鞋放这吧，回头来取。"

叔叔话音未落，他倏地站起来，朝我摆摆手，连伞也没打就走了，看着他的背影，我不禁有些迷惑，雨正大呀！可如果说感觉十分异常，那也是假话，因为松苇给我的印象，一直都是内向而拘谨的，性格也有些孤僻。纵使你想和他交朋友，他也不大说话，似乎缺少那个兴奋劲，不过他学习不错，老排在前十名以内。关于他的家世，我也略微听过一些，好像他来自一个较富裕的家庭，有私家车和公寓，不过，他当经理的父亲实在太忙，所以他住在奶奶家里。

然而就在那一天，我发现了一个秘密，有关一个铅笔刀的秘密。

那天放学已经很迟，我和好友胡蝶一起去取鞋，那时胡蝶手里有两样东西，一个是刚出锅的涮土豆，一个是刚买的铅笔刀，一向毛手毛脚的胡蝶，不小心把辣子油滴得满身都是，她两脚跺着，不断埋怨我不帮她拿东西。胡蝶不愿意要沾了油的铅笔刀了，我也不愿意要，虽然那个红色铅笔刀非常可爱，完全可以当个摆设。

在我们寻找垃圾桶的时候，修鞋的叔叔一再抬起头来，最后，他干脆把活儿放下，将头向上侧扬着，这样更可以看清楚这个小玩意，他说："这么好的东西，扔了多可惜。"

这句话很耳熟，可我们一时又想不起来谁说过，大概是小学数学老师说的，而我们，在小学那样幼小的年纪里，已经开始学会摆阔，学会浪费了。那时，刚从乡下调来的老师，刚刚接我们班的数学课。他告诉我们，纸张来源于木材，而我国非常缺乏森林资源。他说他喜欢节约的孩子，说完，就用温柔的眼神望着我们。他必然知道我们浪费的习惯，才这么说的吧，对于依旧乱扔乱扯的同学，他既不一语道破，也不让人难堪，而是说："还可以用啊，多可惜！"就在这样一种回忆里，我仔仔细细地看了看叔叔，虽然他穿得不漂亮，可他白净斯文，不似一般邋遢的手艺人，尤其是他待人接物的和蔼劲儿，不正像位老师吗？

叔叔说，他儿子最喜欢积攒铅笔刀，可能已有一百多个，有兔子的、小熊的、米老鼠的，等等，就是没见过这个草莓型的，如果我们愿意给他，他就不要修鞋的钱了。我和胡蝶一笑，我们觉得，无论是他的劳动还是他对儿子的感情，都值得我们尊重。于是，把

铅笔刀和钱一起放下，转身就跑。

可是几天后，我竟然在松苇的桌上见到了那个铅笔刀，商标依然在，油渍也在上面，很细小的一块，几乎分辨不出。我非常吃惊地看着它，何以从修鞋叔叔手里到了他的桌上？这彼此之间有什么关系呢？忽然又想起修鞋那天的情景，这

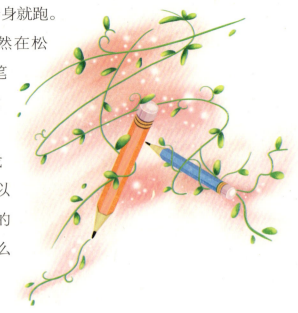

使我愈发想探个究竟。松苇见我这么感兴趣，破天荒头一次主动和我搭话，他说那是爸爸给他的礼物，是专门从外地寄回来的。我还没说什么，就有一个同学接话说，"门口就有，干吗那么远从外地寄？"松苇瞪了他一眼，脸色有点发白，然后，他提高声音说："外地的好。"同时用余光不时朝我脸上瞟，我疑惑着，忽然发现手里居然还拿着铅笔刀，便赶紧放到他面前。他特别生气，手微微颤抖着，除了生气，似乎还有激动和慌乱。虽然，我因为这个秘密而难过，但我害怕说下去，揭开了谜底，最终会怎样？也许会像饮料或香槟那样，用力摇一摇，那瓶中的酝酿就会马上喷涌而出，我就好像那个摇瓶子的人，而瓶中急速冲出来的也许不是饮料，而是子弹。

心慌意乱之间，我又拿起铅笔刀看，如果当时把它扔了，也许更好些吧，可如果在松苇心里没有一点特殊的意义，他也不会这样。

"外地的就是好！"好像和谁抢似的，我急着说出这句话。然后，我看到松苇特别轻松地笑了。

小故事大道理

小时候，我们都有点小虚荣，常常会向别人炫耀不属于自己的东西。长大后，我们才明白，最宝贵的便是那没被揭穿的小秘密。

螺蛳——见证我们的友情

◇佚名

> 只有宽广而聪慧的心灵始终能发现友爱之情。
> ——海涅

记得冬日的每天晚上，我和好友秋吟总喜欢手牵着手，有说有笑地从宿舍走到对面宿舍底楼的一个小吃店吃螺蛳。感觉螺蛳在手中的温度，看着螺蛳的氤氲和口中呼出的白气融为一体，感觉幸福就是这么简单。友情也就在这种暖暖的温情中升华了……秋吟是我大学里最好的朋友。没认识她之前，没想到会和她成为好朋友，刚见到她时总觉得她一副高傲的样子，尤其觉得她好像看我不顺眼，而我自己向来也有一个怪癖，也不理瞧不起我的人。因为两个人的相互抵触，我们的话不多，虽然我们在同一个宿舍、同一个班。

来到大学，没有一个以前认识的好朋友。所以一直都觉得很孤单，很想找个朋友依赖一下。本来有个在同一个班、同一个宿舍的人应该是最好的选择，可是我们又这么合不来。一天，很偶然的，我们几乎同时发现我们用的东西有很大的相似之处，尤其是洗漱用品，从牌子到款式都是一样的。我们很惊讶，然后相视而笑，似乎觉得这就是缘分，也许真的是物以类聚，我们的心在慢慢靠近……之后，我们每天都是一起骑车上学，一起骑车回来。一路上，我们的话题也由大众性的转到私密性的。

八月十五，中秋月圆之夜，也是我们友谊的圆满之夜。当天晚上十二点是赏月的好时间，我们买了很多好吃的东西，来到宿舍底楼的石桌上边吃东西边聊天。我们聊了很多很多，说家事、谈理想。似乎我们之间总有说不完的话题。后来我们就聊到了螺蛳。

好吃的东西总是魅力无穷，而贪吃的人总是难抵诱惑。我们决定去吃螺蛳，一碗不解谗，再来一碗。之后冬日的每一天我们都准时与螺蛳相约，吃出了螺蛳的好味道，也吃出了我们的好友谊。

放假了，我们回到了家，常常短信联系，当然也不忘说说美味的螺蛳。我们家的螺蛳煮的味道挺不错的，而她却说她们家的不够辣，没什么味道。我便常邀她来我家，每次她总是高兴地答应。然后就盼望开学……开学后，我们依然不忘常常奔向我们那熟悉的地方，和熟悉的人品尝着熟悉的味道。那时，我们说，以后我们如果有什么矛盾，送一碗螺蛳就要明白哦！

又一学期开学了，我没有了往日的激情和兴奋。虽然我很高兴

与好友见面，但是因为身体状况比较差，所以没有太多的精力陪她玩。我这样的状态经常影响到她的心情，有时候我觉得很对不起她，就想要买碗螺蛳表达一下歉意，虽然只有一元钱，但我们的友谊却是无价的。她也经常陪我去熟悉的地方散步，希望我快点恢复，知心朋友的关心总会让人感动得想哭。我也希望自己能快快恢复，恢复好身体，恢复往日的快乐。只是，因为胃不怎么好，不能吃太辣的东西，所以也就不能吃太多的螺蛳，但是我相信，我们的友谊从吃螺蛳时稳固地建起，却不会因吃螺蛳的减少而减少。因为我相信有一种情永不改变，那就是用真诚的心去经营的情。

螺蛳，我们友谊的见证。我们不需要太多的承诺，也不需要太多的誓言，我们需要实实在在的关心和爱。这个我们大家都明白，不知道是不是螺蛳帮忙传达的？

珍视伟大的友谊

我们相信血浓于水的亲情,相信至死不渝的爱情,我们也相信亘古不变的友情。

朋友,愿我们的友情永不变!

小故事大道理

在茫茫人海中,总有契合的两颗心,而心灵间的碰撞却是一种缘分。当你渴望那份友谊的时候,就能加大促成这缘分的几率,真挚的友情就在这里抽出新芽。

八年的承诺 ◇佚名

[怯懦的朋友在叛离之后，会成为最凶残的仇敌。
——埃·斯宾塞]

也许是上天在赋予张芹灵魂的一刹那，忘记了赐予她行走的能力。张芹出生后即患了重度的"小儿麻痹症"，不能正常行走。求医过程中的一次次失望，让张芹的父母彻底绝望了，他们默默地流泪，能做到的就是好好照顾孩子，不再让她经受苦难。在旷野中自由奔跑，是每个好动孩子的梦想。但是窗户却成为张芹最喜欢的地方，只有透过明亮的玻璃，她才能认识自己生活的世界。

每天看着这位坐在窗口前的姐姐，孙园娜感觉到了那双眼睛中对自由的渴望。

就在开学的时候，孙园娜跑到张芹的母亲面前，稚嫩的声音震撼了所有人："让张芹上学吧，我来背她！"

望着女儿渴求的目光，看着面前恳切的孩子，张芹的母亲哭了。从那天起，孙园娜再也没有离开张芹，两人一起出村，一同回家。八年前的"誓言"一直持续到今天。

珍视伟大的友谊

张芹上学了,她见到了梦中的校园和同学。

从家到学校有一两公里的山路。第一天上学,张芹是在母亲的陪伴下出来的,一路上,小伙伴们轮流背着她,个个满头大汗,但一路欢声笑语。此时的张芹也绽开了笑容。

了解到张芹的情况,学校老师特意安排同学分成小组,轮流负责护送张芹回家,而孙园娜却没有忘掉自己的承诺,坚持每天陪着张芹。她与同学比了比个头,说:"我长得比你们高,当然我来背,累了就换你们。"

每天早晨上学、傍晚放学,背着张芹走在山路上的大多是孙园娜。其余同学簇拥在两人身边,不时替换,但每当孙园娜恢复体力后,便抢着接过张芹。弯曲的山路虽然没有陡坡峭壁,张芹的体重虽然很轻,但对一个未满十岁的孩童来说,这段路需要付出数倍的汗水。有时,一段路,几个人要走一个多小时,休息十几次……

转眼间,两年过去了,张芹的父母看着孩子们每天背着女儿上

学放学,非常辛苦,特地找人做了一个轮椅车。从此,孙园娜和小伙伴们有了"新助手"。

虽然推着轮椅车比背在肩上轻松,但山路的崎岖还是让孙园娜和小伙伴们大吃苦头。赶上大风天气,一路上飞沙走石,她们在风中寸步难行。如果碰到雪天,出门时,天色尚暗,路况难辨,轮椅车常常陷进沟里。几个人不得不前引后推,将车拉出。

这样的情况一路上会发生很多次。日复一日,年复一年,张芹与孙园娜及小伙伴们的身影成为山路上独特的风景。

随着年龄的增长,张芹越来越感觉愧疚,特别是上厕所,令她颇为头疼,但孙园娜从来不嫌脏和累,将一些琐事安排得非常妥当。日子久了,两个人的心灵已经达成默契,张芹的一个眼神,孙园娜就能够读懂她需要什么。

小学一晃就过去了,转眼就要上初中,而学校离家很远,需要住宿。孙园娜主动上门,对张芹的母亲说:"只要张芹想读书,我就会和张芹在一起,永远不会不管她。"于是,领饭、打水、上课、回宿舍,孙园娜俨然成为张芹的义务护理员,两人的真诚行为在整个校园流传开来。

珍视伟大的友谊

从八岁背着不能行走的伙伴上学，一直坚持了八年。孙园娜的行为感动了周围所有的人，她与同学之间那种深切的友谊就连成年人也难以做到。所以说，友谊与年龄、性别、种族等外界因素并无关系，只需要有一颗关爱他人的心。

小故事大道理

"苍天无情人有情"，张芹天生无法走路，却有许多小伙伴愿意为她代步，更有孙园娜风雨无阻地帮助她、陪伴她，给她生存的力量与希望，这不正是"人间自有真情在"的最好诠释吗？

球 约

◇佚名

[友谊，心灵的神秘结合者！生活的美化者，社会的巩固者！

——罗伯特·布拉亥]

六月中旬的一个傍晚，夕阳还未退尽最后的余晖。

操场上，一个十岁的男孩在打篮球，由于个头矮、力量小，他拼命地投篮，努力了大半天，还是挨不着球筐的边儿……夕阳把一切都镀上了金色，包括他那发红的小脸。慢慢地，操场上聚集了几个男孩，一个、两个、三个……一共来了五个。他们谁也不认识谁。不知是对球迷恋，还是冥冥之中有什么东西牵引他们，六个男孩成了好朋友。那年，他们只有十岁，才读四年级。

时间过得真快，男孩们已经升上初一。在过去的几年里，他们成了铁哥们儿。他们常常一起打球，但球都是借来的。他们做梦都渴望拥有自己的球，但他们的家境都不好。于是，六个男孩利用所有的假日去捡破烂、打工。两个星期后，每人手中有一张五元面额的钞票，便一起浩浩荡荡地去了商店。

当售货员告诉他们一个球只要二十八元时，他们互相望了望，

谁也没吱声。

一个男孩猛地抬起头来,用响亮的声音说:"阿姨,我们用三十元买你的球,我们每人五元,刚好三十元。"

其他男孩也用力地点头。郑重而严肃。

多用几块钱不算什么,只是对彼此的友谊,赚钱的辛苦的一种纪念。

售货员呆住了,她从没遇上这样的顾客——竟要求将物品提价。她被小家伙们的真诚感动了,干脆折价成二十四元,将球卖给了他们,每人四元钱。

从此,课余时间,他们都要在这里打球。每每练完球,他们总要小心地拭去球上的污迹,同时也将友谊的污点一一拭去。

初中毕业前的最后一夜,男孩们来到操场,第二天他们就要各奔前程了;有人将上高中,有人将上中专。大家议论了好久,约定八年之中不见面,不联络。八年之后再在这里相聚,打一场球,然后,他们在球场边挖了个坑,把球放进去再郑重铺平了地面。

然后,六个少年对着万里无云的天空发了誓,洒泪分别。

八年,可以改变很多事,可以把一个满心憧憬的人变得老练、成熟。

八年,不长不短,但如果要一个人忘却过去的编写也是非常容易的。

八年过去了,操场还是那个操场,依旧用它宽厚的胸怀迎接一个个篮球和篮球迷们特别的友谊。

八年过去了,六个杳无音讯的少年没来相聚。哦,他们是成年人了,他们都失约了吗?一切深情厚谊也随之不见了?没有人知道该怎样回答。

但就在这一天,一群小男孩在操场边玩,无意中挖开了那个埋着篮球的坑,发现一个球瘪了,霉了,烂了。他们吓了一跳。

这时,男孩们看见一个叔叔在一旁兴奋地流泪。流完泪,他又上球场打了一阵球,最后,坐在地上,独自微笑,笑得很神秘,像回忆着什么。男孩们感到奇怪,跑过去问他。

叔叔笑了笑,说:"我在这里等我的伙伴,小时候的伙伴,我们有个约会,今天见面,可惜他们都来不成了,他们失约了。叔叔们很忙,都在外省工作,有一个还在国外,但我们每个星期都要通电话,谈球,谈我们的十岁,我们以前一起买过一个球。现在我们想赚钱建一个篮球场……"

叔叔的话,小男孩们不懂,不懂他们怎么会失约,却要建一个篮球场。

但叔叔懂,叔叔们隔着千山万水,但心灵已约定了。真正的友谊无须誓言。

小故事大道理

孩子间的友谊真挚、纯洁,大人间的友谊理智、深沉,二者虽有不同,但都是一样的感人肺腑。儿时的约定虽然遥遥无期,但他们将用另一种方式兑现。不被兑现的誓言只能算是一句空话,真正的友谊无须誓言。

二十四个人的力量 ◇佚名

> 友情是天堂，没有它就像地狱；友情是生命，没有它就意味着死亡。
>
> ——威·莫里斯

王阿姨管理的那个楼住着一群男生，每个宿舍四个人，每个人一把钥匙。

这些学生很爱睡懒觉，总爱拖到快上课了才匆匆忙忙地起来刷牙洗脸，然后直奔教室。等到下课回来，一摸口袋，坏了，钥匙忘在宿舍里了，于是只能等其他同学回来开门。四个人中总有一两个人带着钥匙，可总有那么几次，四个人全忘了带钥匙，于是全被堵在宿舍外了。没办法，他们只能找宿舍管理员王阿姨——她保管着整个楼所有宿舍的备份钥匙。

次数多了，王阿姨便觉得麻烦。她定了个规矩，每个宿舍每学期来找她要钥匙的次数不得超过三次，超过三次者，自己找工具把锁撬开，然后再掏钱买把新的。

期末的时候,王阿姨把所有宿舍的情况做了一次统计,她发现了一个有趣的现象:五楼几个连在一起的宿舍,501到506,居然一次也没来麻烦她开过门!一次记录也没有的宿舍不是没有,可现在有六个宿舍,而且还是连在一起的。这引起了王阿姨的兴趣。

为了解开心里的疑团,她特地敲开了504的门,终于知道了他们的秘密。原来,他们每个宿舍都另外配了一把新的钥匙,并且把六个宿舍和六把钥匙分别编上号。然后,把钥匙一存放到宿舍二,把钥匙二存放到宿舍三,依此类推,最后把钥匙六存放到宿舍一。这么一来,二十四个人中只要有一个人带了钥匙,那所有人都不会被堵在宿舍外,因为只要有一把钥匙,就能先打开一道门,然后取得第二把钥匙打开第二道门,就这样,直到打开所有的门。

这办法实在是聪明。假设每个学生忘记带钥匙的几率是百分之五十(实际上应该小于这个数字),那么会不会出现二十四个学生都不带钥匙的情况呢?理论上是可能的,由概率论可以算出,这个几率应该是1/16777216——几乎近于零!

小故事大道理

"众人拾柴火焰高",当个人的智慧无法解决某件事的时候,集体的力量就显得尤为重要了。好的方法,再加上集体的团结协作,能做的事情可不止是"有钥匙开门"这么简单。

第三辑
通过好人认识好人

一个人事业的基础,不仅需要有过硬的本领,更需要有很多善良热心的朋友为你提供帮助。而通过好人认识好人,是一种不错的"识人"之路。

敲响生命

◇张丽钧

> 对众人一视同仁，对少数人推心置腹，对任何人不要亏负。
>
> ——莎士比亚

郭老师高烧不退。透视发现他的胸部有一个拳头大小的阴影，怀疑是肿瘤。

同事们纷纷去医院探视。回来的人说，有一个女的，叫王瑞，特地从北京赶到唐山来看郭老师，不知是郭老师的什么人。又有人说，那个叫王瑞的可真够意思，一天到晚守在郭老师的病床前，喂水喂药端便盆，看样子和郭老师可不是一般的关系呀。就这样，去医院探视的人几乎每天都能带来关于王瑞的花絮，不是说她头碰头给郭老师试体温，就是说她背着人默默流泪。更有人讲了一件令人不可思议的事，说郭老师和王瑞一人拿着一根筷子敲饭盒玩，王瑞敲几下，郭老师就敲几下，敲着敲着，两个人就神经兮兮地又哭又笑。心细的人还发现，对于王瑞和郭老师之间所发生的一切，郭老师爱人居然没有表现出一丝一毫的醋意。于是，就有人毫不掩饰地羡慕起郭老师的"齐人之福"来。

十几天后，郭老师的病得到了确诊，肿瘤的说法被排除。不久，郭老师就喜气洋洋地回来上班了。

有人问起了王瑞的事。

郭老师说："王瑞是我以前的邻居。大地震的时候，王瑞被埋在废墟下面，大块的楼板在上面一层层压着，王瑞在下面哭。邻居们找来木棒铁棍撬那楼板，可说什么也撬不动，邻居们说等着用吊车吧。王瑞在下面哭得嗓子都哑了——她怕呀，她父亲的尸体就在她的身边。天黑了，人们纷纷谣传大地要塌陷，于是就都抢着去占铁轨。只有我没动。我家就活着出来我一个人，我把王瑞看成了可依靠的人，就像王瑞依靠我一样。我对着楼板的空隙冲下面喊：'王瑞，天黑了，我在上面跟你做个游戏，你不要怕啊。现在，咱俩一人找一块砖头，你在下面敲，我在上面敲，你敲几下，我就敲几下——好，开始吧。'她敲当当，我便也敲当当，她敲当当当，我也敲当当当……渐渐地，下面的声音弱了，断了，我慌忙捡起一块砖头，回应着那求救般的声音，王瑞颤颤地喊着我的名字，激动得哭起来。第二天，吊车来了，王瑞得救了——那一年，王瑞十一岁，我十九岁。"

在这一份纯洁无瑕的生死情谊面前，大家倏然明了：生活本身比所有挖空心思的浪漫揣想都更迷人。

小故事大道理

"生死之交"的含义，并不只是"可以和你同生共死"，还有"曾经和你同生共死"。正所谓"患难之中见真情"，在你困难的时候，拉你一把、帮你渡过难关的人，才是值得信赖的挚友。

约会的日期 ◇佚名

[在各种孤独中间，人最怕精神上的孤独。
——巴尔扎克]

故事发生在丹麦的一个咖啡馆里。这种咖啡馆通用英语。兰波和父亲这次旅行既是办事，也是游乐，空闲的时候，玩得很痛快。父亲说："可惜你妈妈不能来。如果能带她来逛逛，多好。"父亲年轻时到过丹麦。兰波问父亲，"从你上次来到现在，有多久了？"

"哦，差不多三十年了。我记得那时就住在这家小客栈里。"

父亲四下望望，回忆道："那些日子真美……"他忽然住口不言，脸色转白。

兰波顺着他的眼光看去，只见房间那边有个女人正端着托盘在客人面前上咖啡。她从前可能很美，但是现在已经发胖，头发也很乱。兰波问父亲："你认识她吗？"

他说："从前认识。"

女人走到他们的桌前，问道："要咖啡还是啤酒？"

兰波说："我们要啤酒。"她点点头，去了。

父亲掏出手巾擦额，低声说道："她真变了！谢天谢地，幸而她没认出我来。我认识她在你的妈妈之前，那时候我是学生，假期旅行到这里。她年轻漂亮，非常可爱。我爱她到了极点，她也爱我。"

兰波很不高兴地冲口问道："妈妈知道她的事吗？"

"当然知道。"父亲略感不安地望着儿子。兰波都替他难为情。

兰波说："爸爸，你用不着……"

"哦，我要告诉你，我不要你乱猜。她的父亲反对我们相爱。我是外国人，又没有好前途，还要依靠父亲。我写信给父亲说要结婚，父亲就不寄钱来。我只好回家。但是我又和她见了一次面，告诉她我要回美国去借结婚的钱，过几个月就来找她。"

"我们知道，"他接着说，"她父亲可能会拆看我们的信件，所以商量好我只寄给她一张纸，上面写个日期，那是要她在某处和我见面的时间，然后我们就结婚。后来我回家去，借到钱把日期寄给她。她收到了信，回信道，'我准来。'但是她没来。后来我才知道她已在两个星期前嫁给一位当地客栈的老板了。她没有等我。"

父亲又说："感谢上帝，她没有等我，我回家去，遇见了你妈妈，我们始终极为快乐。常把这一段年轻时的恋爱作为笑谈。"那个女人把啤酒送到他们面前。

她问："你们从美国来的吗？"

兰波说："是的。"

她笑道："美国是个好地方。"

"是的。那边有许多你们的同胞。你有没有想过要去？"

她说："我不想，现在不想。我想过一次，那是很久以前的事了，但是我留在了此地。此地好得多。"

他们喝完啤酒，又要了两杯咖啡。

慢慢地喝着咖啡，兰波就问父亲："你叫她等你的日期到底是怎样写的？"

他父亲放下咖啡，从口袋里掏出一个信封，在上面写了几个字。他说："这样写的，12／11／13，这当然是1913年12月11日。"

兰波叫道："不对！在丹麦和欧洲任何国家都不是这样写的！他们先写日子，后写月份。所以，那个日期不是12月11，而是11月12日！"

小故事大道理

这是一个并不美丽的误会，习惯的不同，分隔了两颗相爱的心，也让两个相爱的人失之交臂。其实他们两人都没有错，错在命运，它太难以捉摸。

"需要资金吗？"

◇木同

[真正的友谊，只能基于相近性情的结合。
　　　　　　　　　　——贝多芬]

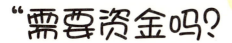

我是一个特别喜欢浪漫的人，所以手机里少不了存着许多风花雪月的短信。

但我存得最久、直到现在都舍不得删的一条短信却与风花雪月完全无关，那是一句如果不明前因后果甚至会让人觉得莫名其妙的话："需要资金吗？今天我去给你送钱，三千够吗？"

发送短信的日期是2006年4月15日。离现在，已是一年多了。

2006年1月，我得了一场重病，停掉手里一切工作，做手术，住院。世人都羡慕白领时尚自由的生活，只有身在其中，才知什么叫"手停口停"。那时我才换了工作不久，又刚交了半年的房租，住院押金加治疗所花的杂费，几乎立时捉

襟见肘。我又骄傲惯了，从不在朋友们面前诉苦，自以为没人看得出来。

就在用钱最紧张的时候，一个平时交往很好的朋友来看我，他问我："缺钱不？"我只当他是普通的客气，所以很随意地答："还好。"他又叮嘱说："如果真缺钱就告诉我啊！"

我笑着点头，却并没有认真地去记着他的话。

过了几天。忽然收到他发来的短信："需要资金吗？今天我去给你送钱，三千够吗？"我心里没来由地一震，眼泪都快出来了。他是认认真真的，实实在在的，想要帮助我。他知道我不会主动开口，所以特别再发短信来问——所谓患难之交，这就是吧？

住院期间，时时收到朋友们的短信，多是殷勤问候，祝愿早日康复。知道自己并没有被人遗忘，心里觉得挺温馨的，但无论如何都不如那条短信让我感动至今。

一年能有多少天，在这个以短信说话的时代，365天收多少条短信，可是这条短信一直安安静静地躺在我的手机里，我无数次地去翻看，甚至不去翻看也可以把它的每一个标点都倒背如流，却始终舍不得删除它。那么一种患难情谊，是这辈子也删除不了的吧！

小故事大道理

这是一条珍藏已久的短信，更是一段值得一生珍视的情谊。朋友并不是在你得意时与你把酒言欢、称兄道弟的那些家伙，而是会在你落魄或需要帮助的时候默默拉你一把，并不需要什么回报的人。

刘禹锡走向了荒凉

◇佚名

> 友谊永远不能成为一种交易；相反，它需求最彻底的无利害观念。
> ——莫罗阿

刘禹锡和柳宗元因相同的政见而惺惺相惜，成为最好的朋友。后来，两人因为参加"永贞革新"而遭到迫害，柳宗元初贬邵州刺史，十一月加贬永州司马，并规定"终身不得量移"。刘禹锡被贬为远州司马。

元和十年（公元815年），他们接到诏书，皇帝让他们回京。柳宗元在回京路上兴致勃勃地写下了"诏书许逐阳和至，驿路开花处处新"的诗句。可是，命运和他们开了一个玩笑，满怀希望回京的他们再次被贬，柳宗元被贬为柳州刺史，刘禹锡被贬为播州刺史。本来，柳宗元是被贬到播州的，刘禹锡是被贬到柳州的。但是，刘禹锡想到，柳宗元的母亲已经年迈，无法跟着柳宗元远窜遐荒，如果柳宗元真的被贬到播州，那么，他们母子很可能面临永别。想到这里，刘禹锡便向朝廷上书说：播州身处荒芜，不是人居住的地方，而柳宗元还有一母亲，需要他照顾，身为朋友的我，不

忍心让他陷入那贫穷荒凉之地，因此，希望朝廷将我贬到播州。

在刘禹锡上书之后的第二天，柳宗元得知此事后，急忙找到刘禹锡，气急败坏地说："你怎么能这样做？纵使我有亲在堂，需要照料，而你也有家室牵挂，假如你改贬播州，你该如何照顾妻儿？"

"柳兄，你错了。妻儿年轻，可随我一同前往。而令堂年事已高，怎能经受旅途颠簸？我怕你真要到播州，此别即永别啊！"一番话，说得柳宗元激动得无以言表。

后来，刘禹锡的奏章上去之后，朝廷为之感动，最后，柳宗元终于被改贬柳州。

小故事大道理

刘禹锡的选择，必会使他的妻儿受苦，却能让柳宗元的老母安享晚年。为了朋友，刘禹锡不惜拖家带口远赴荒凉之地，这种舍己为人的友情怎能不让人感动！

替胆小鬼辩护

◇佚名

[生我者父母，知我者鲍子也！
——管仲]

管仲年轻的时候，家里穷得揭不开锅。不久，他认识了鲍叔牙，两个人一见倾心，大有相见恨晚之意。

后来，在鲍叔牙的建议之下，两人合伙做生意。虽说是合伙，可是管仲家里实在是太穷了，根本就拿不出本钱来。鲍叔牙是从内心里把管仲当作朋友的，所以豪爽的他并不在乎管仲拿出多少本钱。买卖有亏有赚，亏的时候，鲍叔牙总是从自己家里拿出钱来补贴，而从不让管仲贴钱，但是赚了钱的时候，管仲总是喜欢多拿一些。这个时候，认识鲍叔牙的人都替他喊亏，然而，鲍叔牙总是一笑而过，并没有说管仲的不是。因为他知道，管仲家里太穷了，急需钱，况且他家里

还有一个老母亲需要奉养,所以鲍叔牙经常把赚的钱多分给管仲,让他拿回去好好侍奉自己的母亲。之后,他们一起去参军了。每次打仗的时候,管仲总是跟在鲍叔牙的后面,生怕刀箭袭击到自己。但是败退的时候呢,管仲却在鲍叔牙前面跑,害怕跑慢了被敌军抓到。因为这事,军队里的人都说管仲是个胆小鬼,贪生怕死,都说鲍叔牙是管仲的挡箭牌,纷纷替他鸣不平。然而,令那些人吃惊的是,鲍叔牙反而替管仲打抱不平,说:"管仲家里只有他一个男子,而他还有一个年迈的老母亲需要照顾,如果他战死了,谁来照顾他的母亲?如果他战死了,谁来替他传宗接代?我和管仲在一起这么多年了,他是个怎样的人,我比你们清楚。在我心中,他并不是一个胆小鬼,而是为了自己的母亲,所以他才会成为你们眼中的'贪生怕死'之人!"一番话,把众人说得无言以对。

后来,他们各事其主。再后来,公子小白成为齐国国君齐桓公。因为管仲错保公子纠而得罪了齐桓公,齐桓公准备处死管仲。一直跟在齐桓公身边的鲍叔牙知道管仲有管理国家的能力,便在齐桓公面前力保管仲,并推荐他当了齐国的宰相。因为鲍叔牙的极力推荐,管仲非但免于一死,还成了宰相。

管仲感慨地对鲍叔牙说:"生我者父母,知我者鲍子也。"

小故事大道理

鲍叔牙能够对管仲过分的要求处处忍让,并几次三番地帮助他摆脱危难,这并不是他纵容管仲的肆意妄为,而是他知道,管仲之所以事事都要"贪心"一些,是因为家里有年迈的老母需要照顾。可见,鲍叔牙不止是管仲的朋友,更是他实实在在的知己。

这只小狗不吃肉
◇佚名

[心地善良的人、富于幻想的人，比冷酷残忍的人更容易聚合。
——约翰逊]

有一天，有一个小孩走在路上，他走在前面，后面用绳子牵着一只很可爱的小狗。小狗很听话地跟在后面，那么温顺乖巧，小孩停下来，小狗也安静地站住了；小孩让它卧倒，它就很听话地躺在地上。

路上有个好开玩笑的人见了，便想逗小孩一下，说："这只狗之所以这么听你的话，是因为你用一根绳子束缚了它，我想它并不是要真心跟随你的。只要你把绳子解开，小狗肯定会逃跑！"

"才不会呢！"小孩说着，停下来抚摸着小狗光洁的毛。

"那你把绳子解开，看看小狗是不是还跟着你？"那人又挑逗着。

小孩听完，思考了几秒钟，解下系在狗脖子上的绳子，然后自己径自往前走，把小狗留在原地。

小狗顿了一下，眼见小孩走了，便飞似的追了上来，寸步不离

地跟在小孩后面,丝毫没有离开小孩的意思。

"它还看得见你,所以这不算。要是它两三天看不见你,肯定不会跟着你了。"开玩笑的人见到自己输了,又继续说道。

"好啊。刚好待会我要去外婆家,我就把狗交给你看着吧。要是你能教它不跟着我,我就把小狗送给你。喏,这是绳子,你先把它牵回去。三天后,我来看小狗。"

说完后,小孩便把绳子系到小狗脖子上,交给那人,然后自己慢慢地走开了。这时候,小狗发疯似的叫了起来,想跟着小孩走,绳子都把那人的手勒疼了。

那人把小狗牵回自己的家,把最好吃的肉丢给小狗,还给它做了一个暖和的窝,然而,小狗却坐立不安,面前的肉一点也没动,眼睛一直望着小孩离去的那个路口……终于,三天过去了,小孩回来了,还没走进那人的家,小狗便兴奋地叫了起来。那个开玩笑的人出来一看,原来是小孩来了。小狗见到小孩,高兴得不停地往孩

子身上蹭。

　　小孩从包裹里拿出一块骨头，小狗看见了，立刻就叼到一边吃了起来，而三天来那人丢在狗窝里的肉，依然一动不动地在那里。

　　那个开玩笑的人惊讶地问："小朋友，你能告诉我这是为什么吗？"

　　"这很简单啊，"小孩子单纯地笑着说，"因为我一直跟它在一起，给它好东西吃，并且一直都精心地照顾它，更重要的是，我一直都把它当作我的好朋友！"

小故事大道理

　　动物的感情比人类更纯洁、更真诚，就像故事中的小狗，就算别人给它吃香喷喷的肉，给它住暖和的窝，它也不会背叛自己的小主人。这个世界上，有太多的友情被欲望所玷污，被物质生活所埋没，而渴望真挚友情的人，也变得越来越多了。

没有实现的诺言 ◇佚名

[钟子期死,伯牙终身不复鼓琴。
　　　　　　　　——《汉书》]

真倒霉!一次交通事故,我进了医院。头上缠着绷带,胳膊夹了木板,腿上打了石膏。天哪!包得我快成木乃伊了!疼得要命不说,叫我一动不动地躺着,整天盯着可恶的天花板,简直是要我的命。这时能使我高兴的,就只有她了。

她是隔壁病房的病友,大约六七岁,大大的眼睛,活像个洋娃娃。她每天穿着宽大的病号服跑进跑出,也许是看我躺着太闷吧,就奶声奶气地对我说:"阿姨,我给你讲故事吧!"然后就滔滔不绝地讲起来。我们慢慢熟悉了。她告诉我,她叫小雨。

"我喜欢雨,尤其喜欢站在山顶上看:雾蒙蒙的感觉,美极了!可惜现在是十一月,不会再下雨了。"她嘟着小嘴儿对我说,胖胖的小手儿托着苍白的小脸蛋儿。"那有什么,明年春天不还是会下雨吗?"我颇不以为然。"可我总觉得时间太久了!"她还是不高兴。"好了,好了,别这样了!"我捏了捏她的小鼻子,

"明年春天佳佳阿姨陪你到山顶看雨，怎么样？""真的？你没骗我？""那当然，我说话算话，一言既出，十马难追！""佳佳阿姨，好像应该是'驷'马难追吧！""小笨牛，四马哪有十马跑得快？""对啊！""哈哈哈……"

时间在不知不觉中过着。

十二月末的一个下午，小雨被送进了手术室，晚上被推回来的时候，已经很虚弱了。"佳佳阿姨，我会好吗？"她轻轻地问。"当然，我还要陪你到山顶看雨呢！""是啊，是啊！"她笑了笑，甜甜地睡了。

以后，她每天都努力地锻炼，又跑又跳的。

"干吗？一天没有老实的时候！""我在锻炼呢！不然那么高的山，我怎么爬得动？""也是！""好了，我继续，一二三四，二二三四，三二三四，四二三四……"她大口喘着气，苍白的小脸似乎也有了一丝红晕。

时间还是这么过着。

二月中旬，小雨又一次进了手术室。被推出来的时候，脸色惨白。她很费力地问："佳佳阿姨，我会好吗？""会的，我们不是说好去山顶看雨吗？"她没说话，睡了。

她还是每天继续着她的锻炼，有时不能下床，就在床上动一动。

"佳佳阿姨，我会好吗？"她老是这么问。"当然会好。"我也总是这样答。

一天早上，我被小雨喊醒了。

"佳佳阿姨，快看，那棵树发芽了！""是啊！再过几天就要下雨了。我们到山顶去，一定很美！""嗯！"她点点头，眼里闪烁着光芒。

手足间的馈赠

四月的一天,她又要进手术室了。

"小雨,这两天就要下雨了!""是啊,别忘了陪我去山顶!""嗯,一定。我们拉钩!"

晚上,手术室的灯又亮了……

第二天,她的母亲——一位两眼红肿的青年妇女来收拾她的床铺。"她得的是绝症,本来半年前就应该……我不知道是什么让她挺了这么久……"

我呆住了,泪水夺眶而出……

下雨了,就在小雨走的第三天,我独自去了山顶,守着我那许下了,却没有实现的诺言……

小故事大道理

友情像小雨,可以滋润快乐的花朵;友情像阳光,可以照亮我们心中阴暗的角落。然而友情最奇特的力量是——创造奇迹。

谁是真正的冠军
◇佚名

[竭诚相助亲密无间，乃友谊之最高境界。
——瓦鲁瓦尔]

高三，微冷的天，我们的最后一届校运会。

我们班的两个跳远天才，又一次狭路相逢。

晓君是上一届的跳远冠军，可是，阿强最近在训练时的成绩总是比他好。

预赛开始了，阿强在第一跳便跳出了七点五米的不俗成绩。看到阿强的出色成绩，晓君似乎紧张了。果然，第一次试跳，他的脚就超过了起跳板几厘米，成绩无效。第二次试跳，依然如此。现在就只剩下第三次的机会了。如果第三次仍然失败，他将被淘汰出局，而无缘决赛。晓君在起跳板上做着深呼吸的

运动,可他显然还是无法使自己平静下来……这个时候,只要晓君被淘汰,可以说冠军就非阿强莫属了。就在我们唏嘘不已的时候,阿强走上来,轻轻地拥抱了一下晓君,说:"你随便一跳都能跳进决赛,现在你只要跳个七米就能通过预赛,既然这样,你可以在离跳板还有几厘米的地方开始起跳——这样,你无论如何也不会踩线了。"

晓君看着阿强真诚的目光,恍然大悟,照他的话做了,这次,他轻松地跳出了七点六米的好成绩,进了决赛。在决赛中,他发挥了自己的水平,夺得冠军。阿强名列第二。

后来,在毕业纪念册上,晓君给阿强写了这么一段留言:

把我所有的荣誉熔掉,也不能造出我对你的纯金友谊。而在我熔掉奖牌之前,你在心中早已把你的金牌熔掉了。

小故事大道理

"友谊第一,比赛第二",这是运动场上永恒的标语,同时也是生活中的真理。一个好的竞争对手常常会激发你内心的斗志,让你突破自我,取得更好的成绩——更何况他还是你的朋友呢!

半夜来了神秘朋友

◇佚名

> 友谊往往是由一种两个人比一个人更容易实现的共同利益结成的，只有在相互满足时这种关系才是纯洁的。
>
> ——斯特林堡

中国古代有这样一个关于友情的传说。

话说东汉之时，有一个秀才，住在汝州南城，名叫张劭，那日辞别老母与兄弟，背着书囊，准备到洛阳应举。

就在离洛阳不远的地方，已经天黑了，于是张劭便到一家客栈去投宿。晚上，却听到隔壁传来疑似病人的呻吟声。第二天早上，张劭便问店家是怎么回事。店家说那是一个患上瘟病的秀才，快要不行了。张劭一听，便不顾店家的劝阻，进入那个秀才的房间。此后，张劭便日夜照顾他，拿出自己的路费请大夫为他看病，并且亲自喂粥喂药。

过了好多天，秀才的病终于好了。张劭得知此人是楚州山阳的范式，在来洛阳应举的路上，感染了风寒。因这段时间的相处，两人的情谊已经很深厚，便结拜为兄弟。

张劭因为照顾范式而耽误了科考，于是，两人便沿路返回。在

分别之时，两人约定明年重阳，范式到张劭家去探访。张劭发誓说，那天肯定设鸡黍相待，希望范式不要失信。

于是，张劭回家之后，便养了一只鸡，并酿了一坛好酒。

很快重阳就到了。这天，张劭早早起来打扫房间，然后杀鸡做饭。饭做好后，便一个人站在家门口观望，等候范式的到来。然而，从日出，到太阳当空，又到红日西沉，依然未见范式的踪迹。张劭的母亲说："山阳离汝南千里远，并非一日能到。可能他正在路上，或者已经忘了这事了。"

但是张劭打心底里认为范式是不会爽约的。

于是，他继续等着。终于，三更时分，半梦半醒的张劭猛然看见一个黑影随风而来，定睛一看，竟是范式。张劭非常高兴，连忙请范式入座，自己去厨房端饭菜。范式告诉他，自己回到家后，为生计所累，直到今日才知道重阳已到。而山阳到此，并非一日路程，但是他并不愿意失信于张劭，于是便服毒而死，临死前告诉家人，一定要等张劭来后才能入葬。说完，其魂魄便离开了。

此后，张劭启程赶往山阳，日夜兼程，终于来到范式家，见到了服毒而亡的结义兄弟，便不顾"男儿有泪不轻弹"的古训，趴在范式身上痛哭起来。正在此时，突然听到范式熟悉的声音："张

珍视伟大的友谊

兄何以伤心至此？"张劭大惊，连忙起身擦干眼泪，一看，范式竟然睁开了眼睛。他望着周围哭得死去活来的亲人，有点疑惑，便说："刚才我睡觉的时候，做了一个梦，梦见我来到了地府，阎王看到我说：'因为被你忠贞的情谊所感动，所以，便送你几十载的寿命。'他说完这些话之后，大手一挥，我便陷入昏天黑地之中，没想到醒来竟然看到张兄您！"

从此，死而复生的范式便日夜与张劭一起复习功课，同床而睡，同桌而食，相帮相持，两人在当时被当作朋友的楷模。

小故事大道理

忠贞的友谊竟会感动阎王，这很有些虚无缥缈。虽然世上并没有阎王，但感天动地的友情故事却时时发生着，这些故事总是让观者唏嘘不已，并对世界充满了希望。

通过好人认识好人
◇佚名

[衣不如新，人不如故。
——《汉乐府》]

刚踏入社会的那段时间，黄伟健从身边的同龄人身上深深感受到了工作的难找和竞争的压力。不过，黄伟健对于自己的未来倒是充满了信心，因为性格豪爽大气的他早就结交下了不少朋友，他觉得在这些朋友的帮助下，找一份做编剧的工作养家糊口还是很容易的。

可是很快，他就发现自己想得太简单了。在几次求职失败之后，黄伟健想起了那些私交不错的朋友，于是便请他们给自己帮帮忙。这天下午，黄伟健打了无数个电话，找了很多承诺过要帮自己找工作的人，可是无一例外地都遭到了拒绝。这些以前拍着胸脯保证要帮他找一份编剧工作的人，对来寻求帮助的黄伟健不是哀叹就业形势严峻实在帮不上忙，就是敷衍应付几句。

晚上回到住处之后，黄伟健一个人喝起了闷酒。酒入愁肠愁更长，他越想越憋屈，实在想不明白究竟自己哪里做得不好，怎么这

么多昔日在酒桌上称兄道弟的人，碰上自己真正需要帮助的时候，恨不得有多远躲多远呢？

这些经历让他彻底寒了心，就在他最茫然无助的时候，一个导演给他打来了电话。这个导演是黄伟健一个性格憨厚善良的好朋友的朋友，他和对方只有一面之缘，可是对方却牢牢记住了这个才华横溢的年轻人。在得知他还没有工作的时候，立刻主动打来电话邀请他进入自己的剧组。

这件事情成为黄伟健人生的转折点，自从进入剧组之后，黄伟健通过导演又认识了许多志趣相投的同行，在大家的提携和帮助下，再加上自己在编剧方面过人的天分，他很快就在编剧界站稳了脚跟。

后来，黄伟健自己也在反思，为什么在不久之前，自己四处求人却连一份普通的工作都得不到，可自从导演招自己进入剧组之后，不仅有了一份工作，而且很快就在圈内小有名气了。苦苦想了很多天之后，黄伟健才突然想明白，之所以自己前后境遇差距这么大，是因为遇到的人不同罢了。以前遇到的很多人，虽然豪言壮语地向自己做了很多保证，可到了真需要帮忙的时候，才知道对方许下的很多诺言不过是一句空话罢了。和说空话的人在一起，自然不会对自己的人生有什么帮助；而这个导演是自己好朋友介绍来的，那个好朋友本身就是一个热心重感情的人，物以类聚，他的朋友自然也是很不错的人，所以才不计回报地仅仅因为欣赏就帮了自己一把。

想明白这些之后，黄伟健再交朋友的时候，就尽量通过为人踏实可靠的人去认识新人，通过好人认识好人，朋友质量也越来越高。随着时间的推移，他认识的热心善良的朋友越来越多，无论是

在事业还是生活上都得到了不少的帮助，只用了几年的工夫，就把自己的事业做得风生水起。

后来，通过自己的努力和朋友们的帮助，黄伟健已经在圈内成了著名的编剧，在朋友的推荐下，他又进入了动漫编剧的领域，带领着自己优秀的团队，很快就制作出了一部非常优秀的动画片——《喜羊羊与灰太狼》。

一个人事业的基础，不仅需要有过硬的本领，更需要有很多善良热心的朋友为你提供帮助。而通过好人认识好人，是一种不错的"识人"之路。

小故事大道理

你还在为选择什么样的朋友而发愁吗？这正是因为你还没有找到一条正确的识人之路！首先，结交一个品德高尚的人，然后与他的朋友圈子接触，说不定，你很快就有了一群志同道合的朋友了！

学会婉转地表达 ◇佚名

> 一个人如果抛弃他忠实的朋友，就等于抛弃他最珍贵的生命。
> ——索福克勒斯

山顶住着一位智者，他胡子雪白，谁也说不清他有多大年纪。

男女老少都非常尊敬他，不管谁遇到大事小情，都来找他，请求他提些忠告。

但智者总是笑眯眯地说："我能提些什么忠告呢？"

这天，又有年轻人来求他提忠告。

智者仍然婉言谢绝，但年轻人苦缠不放。

智者无奈，拿来两块窄窄的木条，两撮钉子，一撮螺钉，一撮直钉。

另外，他还拿来一个榔头，一把钳子，一个改锥。

他先用锤子往木条上钉直钉，但是木条很硬，他费了很大劲，也钉不进去，倒是把钉子砸弯了，不得不再换一根。

一会儿工夫，好几根钉子都被他砸弯了。

最后，他用钳子夹住钉子，用榔头使劲砸，钉子总算弯弯扭扭

地进到木条里面去了。

但他也前功尽弃了,因为那根木条裂成了两半。

智者又拿起螺钉、改锥和锤子,他把钉子往木板上轻轻一砸,然后拿起改锥拧了起来,没费多大力气,螺钉钻进木条里了,天衣无缝。而他剩余的螺钉,还是原来的那一撮。

智者指着两块木板笑笑:"忠言不必逆耳,良药不必苦口。人们津津乐道的逆耳忠言、苦口良药,其实都是笨人的笨办法。那么硬碰硬有什么好处呢?说的人生气,听的人上火,最后伤了和气,好心变成了冷漠,友谊变成了仇恨。我活了这么大,只有一条经验,那就是绝对不直接向任何人提忠告。当需要指出别人的错误的时候,我会像螺丝钉一样婉转曲折地表达自己的意见和建议。"

小故事大道理

良药虽能治病,但苦不堪言,难以下咽;忠言虽能助人,但逆耳难听,反伤和气。如果想给别人提建议,不妨把话说得委婉温润一些,就像在苦药中加了一点点糖——同样能够治病,为什么不选择更"甜蜜"的方法呢?

战壕里的笑容
◇佚名

[谁若想在困厄时得到援助，就应在平日待人以宽。
　　　　　　　　　　　　——萨迪]

加诺和吉米来自同一个小村庄，战争爆发后，两人一起上了战场。

那天，两军对峙，炮火绵绵，飞机在他们头顶上轰隆作响，子弹嗖嗖地从他们耳边飞过，面对这恐怖的场面，初次上战场的他们充满了恐惧。

指挥官下了总攻的命令，战士们开始往前冲了。然而，这时，敌方的飞机却投下了一枚炸弹，尘土飞扬，冲在前面的很多战友都倒下了，包括吉米。跟在后面的人，被连长命令躲在战壕里。躲在战壕里的加诺，看着吉米倒下的那个地方，心里难受极了。他很想过去陪吉米，因为在来的路上，他们说过，无论发生什么事情，两个人都要互相照顾。

加诺想了想，鼓起勇气问连长，他能不能去把吉米救回来。连长说："你可以去，但是，恕我直言，我觉得不值得。吉米大概已经死了，而你过去，肯定是躲不过流弹的。"然而，连长的话并没有打消加诺去救吉米的决心，他冒着枪林弹雨匍匐前进了。在前进的时候，加诺果然受伤了。然而，加诺没有迟疑，他最终还是爬到了吉米的身边，并奇迹般的把吉米背回了战壕。在战壕里，连长检查了加诺的伤势，看着已经牺牲了的吉米，叹息地说："我早就告诉过你，这样做并不值得。你看，现在吉米已经牺牲了，而你也受到了致命的伤害。"加诺摇摇头表示否认，他说："尽管如此，可是，我还是觉得值得。""他已经牺牲了，你去救一个死人，还赔上自己的命，这叫值得？"连长觉得不可思议。"是的，值得！"加诺用微弱的声音回答着，"当我找到吉米的时候，他还是活着的。他见到我来了，说：'加诺，我相信你不会丢下我的。'听到他这句话，我觉得很满足，也觉得自己实现了我们当时的约定。连长，您说这不值得吗？"说完，加诺拉过吉米熟悉的手，轻轻地握着，慢慢地闭上了双眼，脸上，却一直挂着满足的笑容。

小故事大道理

为了朋友间的承诺，搭上了自己的一条命，值吗？加诺的回答是肯定的。因为吉米看着他不顾枪林弹雨也要兑现承诺，便在临死的前一刻找到了安慰；加诺虽然因此失去了性命，但他还是带着微笑离去，因为他相信，在去往天堂的路上他会与吉米同行。

第四辑
最珍贵的礼物

现在这只金色的盒子依然静静地放在我的书架上，每次看到它，就想到那里面装满了凯琳的吻，这是一个好友对我真诚的祝福和单纯的爱。

每个人都有闪光点

◇佚名

[单独一个人可能灭亡的地方，两个人在一起可能得救。
——巴尔扎克]

在一条比较繁华的街上，有一个画摊周围聚集了很多人，而其他画摊边的人却寥寥无几。

一天，作家也挤进了人群想探个究竟。

"给我也画一幅！"一个小伙子抢先坐到小木椅上。他衣着邋遢，尖嘴猴腮，看起来很讨厌。作家暗忖：这模样还当众画像，简直就是出丑！

画家上上下下打量着小伙子，旁若无人，异常专注，然后又示意小伙子调整身体的位置和眼神的方向。准备就绪后，画家便奋笔疾书，几分钟后，一幅画交到小伙子的手上。

大家纷纷凑过来一睹为快。哇！像极了！这也的确是人们的第一印象：小伙子有几分像日本影星高仓健，而画中人面容棱角分明，双目炯炯。小伙子拿着画端详了老半天，眉开眼笑，十分满意。

他绝对没想到形象丑陋的自己在画家笔下竟会有如此神韵。

接下来,一个看样子圆滑势利、大腹便便的商人,在画家笔下,变得慈眉善目、笑容可掬;一个凶神恶煞的彪形大汉则变得豪放耿直,像梁山好汉一般令人敬畏……这时,作家恍然大悟。这位瘦小画家的高明之处就在于:他总能用心捕捉到所画对象最美好的气质,然后发扬光大,所以他的画受到大家的欢迎。

小故事大道理

是金子总会闪光的,前提是有人来发掘。世界上的每样东西都有自己的美,缺少的只是发现美的眼睛。

驼背老人的大碗拉面

◇佚名

> 海内存知己，天涯若比邻。
> ——王勃

在我上班必经的那个地下通道，一直有两个靠卖艺为生的人在那里拉二胡。同事告诉我，那两个人在这里已经有十年之久了。其中那个年老点的一条腿已经没有了，背也驼了，而那个稍微年轻点的则是个瞎子。每天经过他们身边的时候，我总免不了停下来，静静地欣赏一下那悠扬的二胡音乐，然后，虔诚地把一两块钱放到他们面前的纸盒中。

这天中午下班吃饭，我平常去的那间小饭馆人实在太多了，等了好一会儿还没有空位，便到街那边的兰州拉面馆去。我进店要了碗拉面坐下才一会儿，便见那两位老人相互搀扶着走了进来。

那位驼背的老人冲服务员喊道："来两份大碗拉面！"说完，两人把家当放在桌子底下，就在一边静静地等着。

不多久，他们要的拉面出来了，我一看，却是一大一小两碗，可是，之前驼背老人说是要两大碗的啊。我非常不解地看着他们。

之后驼背老人把大碗的面推到他朋友面前,说:"吃吧,牛肉拉面呢!"然后自己端起那碗小的,慢慢地吃着,而不顾周围人对这两份"大碗"拉面投来的怀疑目光。

这时,坐他们旁边的一个小孩子突然朝他嚷道:"爷爷,你们要的是两份大碗拉面,可是,你那碗明明是小碗的。"小孩子是想提醒他上当了。可是,驼背老人依旧低头吃着,什么也不说。倒是那个眼睛看不见的老人抬起了头,问:"刘大哥,你吃的不是大碗的吗,是不是服务员弄错了?"

"我吃的是大碗的,你赶紧吃吧,待会要糊了,不好吃了。"

"你吃的是小碗的,你上当了。"旁边的那位小孩依然在嚷着。

瞎子突然间朝对面伸出手去,摸索着找到了他大哥的那碗面,用手估摸着碗的大小,然后,又回来摸自己面前的碗,便一声不吭

地坐着。

"吃吧,我今天真的不饿!"驼背老人仍然平静地说着,然后把筷子塞到瞎子的手里。

老人走后,我去结账时,和伙计聊起了这件事情。伙计同情地说,他们已经在这个店里吃了三年多了,第一次来的时候,驼背的老人在说完"来两份大碗拉面"之后,便递给我们一张纸条,上面写着:请给我们一大一小的两份拉面,以后都是这样。但是,每次我都会说"来两份大碗拉面",这只不过是说给我的朋友听的,请你们见谅……

小故事大道理

真正谎言与善意谎言的区别在于,被揭穿后,前者带来了尴尬,后者则带来了感动。平凡之中见真诚,留意我们生活中的细节,不经意间,也许就会收获些许震撼心灵的感动。

被埋四十八小时之后 ◇佚名

> 不要从你自己的袋里掏出勋章借给你的朋友，这是侮辱他的。
> ——泰戈尔

那年，那个风景秀丽的地方竟然发生了地震。

他，比尔把自己受伤的父母安顿好了之后，便冲向朋友所在的地方。他的朋友腿脚行动不便，肯定还在屋里待着。然而，当他赶到朋友屋前的时候，却惊呆了，那座曾经漂亮的小房子已经被夷为平地了。"麦迪！"他嘶声大喊着。声音在空荡的上空飘着，没有回音。他止不住地痛哭起来。因为麦迪是为了他而伤了自己的双腿，可是现在，自己却没有救出他来。突然间，他想起两个人经常说的一句话："无论发生什么事，我们总会在一起。"于是，他坚定地朝那片废墟走去。他知道麦迪平时待在东边的那间屋子里，于是，他急忙找来工具开始挖掘。这时，陆续有逃出来的人经过，也有回来寻找亲人的，可是，看到这片废墟，哭了一阵之后，又走开了。麦迪的邻居告诉比尔别再挖了，健壮的人都无法逃出来，何况一个腿有毛病的人呢？但是比尔没有放弃，他知道麦迪肯定在下面

等着他的援救。没有人来帮助他,救援人员也认为麦迪已经死了,不值得挖开这片废墟。他坚持不懈地挖啊挖。十小时过去了,二十小时过去了,一天过去了,三十小时过去了,四十小时过去了,比尔脸上沾满了灰尘,浑身上下破烂不堪,到处是血迹。他的家人来叫他回去,但是他拒绝了,他知道麦迪肯定在下面等着他。终于到第四十八个小时的时候,他突然听到底下传来一个熟悉的声音:"比尔,是你吗?"

是麦迪的声音!比尔兴奋地大喊:"麦迪!朋友!"

"比尔,真的是你?"

"是的,麦迪,我终于又看到你了。"

"我真高兴看到你,比尔,我就相信,你会永远和我在一起的。"

比尔小心翼翼地清理出一个通道,把麦迪抱了出来。这对幸福的朋友紧紧地拥抱在了一起。后来有人问麦迪为什么会在没吃没喝的情况下坚持这么久,他毫不思索地回答:"因为我相信比尔会永远和我在一起。"

小故事大道理

"无论发生什么事,我们总会在一起",尽管所有人都选择了放弃,这句约定也让两人心中拥有希望。友谊的力量是伟大的,有时也会创造奇迹。

为陌生人存款

◇佚名

[钟期既遇，奏流水以何惭！
　　　　　——王勃]

那一天晚上，我正为即将要支付回家的旅费而发愁时，突然间接到高的信息："什么时候回家？需要资金吗？"看着这样的信息，心里涌上一阵暖流。

前段时间跟高在网上聊天，说想在回家的时候，顺便在桂林停留一段时间，但是家里给的钱已经快用完了，有点遗憾……当时高说，你要是需要钱，就告诉我，我先给你用。反正，我现在在部队里也不用钱。我婉言拒绝了。然而，一天早上，高又给我发信息："小妹，需要钱你就跟我说一声啊，我已经为你准备好足够你路上花费的资金了。"那时的我，多么骄傲，哪肯轻易找人借钱。一心只想在放假前找到一个兼职，就可以赚够去桂林的钱了。然而，临近放假，恰是考试的繁忙时期，复习都忙不过来，哪还有空余时间去做兼职？于是，赚钱回家的想法只好搁浅。可是，身为广西人，每年都路过桂林，却不能亲自去看一看漓江水，不能徜徉于桂林山

水的画境中，不能不说是一种遗憾。

终于考完试了。那天，坐在电脑前，刚点开桂林山水的介绍，手机就响起来，一看，是高。接起来了，那边便传来着急的声音："小妹，你把你的银行卡号发给我，我给你存点钱进去。"

"我还有钱呢……"

"没事啦，路上多带点钱比较方便，到时候你要是不用，就再还给我嘛。"高急忙打断了我的话，抢着说，"好了，我是你哥哥，听我的。赶紧把卡号给我发过来。我现在在银行里排队了……"电话那边传来熟悉的银行喊号声。莫名地，我的眼泪就不自觉地流了下来。

我没有再拒绝，挂了电话，把自己的卡号发给了高，心里暖暖的，装满了感动。两分钟后，高给我来了信息："钱已经存进去了。别惦记着这事，在桂林好好玩。期待看你美丽的相片和游记。"

握着手机，看着短信，想到远方的高，一个素未谋面的笔友，竟然这么相信我。七年的友情了，原来笔友，真的也可以这么信任！

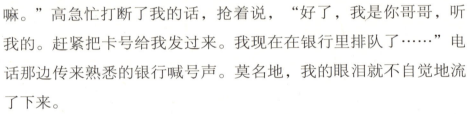

桂林山水美，朋友的心更美。只是笔友，虽然交心七年，但素未谋面，竟能像真正的朋友一样带来关心与温暖。我想，笔者在游览山水的时候，心里也会带着淡淡的温馨吧。

最珍贵的礼物

◇佚名

> 友谊是没有翅膀的爱情。
> ——泰戈尔

感恩节的时候,我收到了凯琳送的一个精致的礼物。

那时候的我,生性敏感,孤独而骄傲,只有凯琳这么一个好朋友。

我拿着这个用金色包装纸装饰着的小盒子,高兴地猜测着凯琳到底在里面放了什么东西,竟然这么轻。

凯琳拉着我到一处没有人的树下长椅上坐下,微笑地说:"你拆开来看看啊!肯定会让你很惊奇的。"说完,她调皮地向我眨眨眼。

我迫不及待地想拆开看了,可是,那么漂亮的金色纸,我又不舍得毁了。于是,忍耐着心中的期冀,小心翼翼地一点点、慢慢地拆着那被凯琳精心包装着的礼物。

褪掉一层层包装纸之后,一个精美的小盒子终于出现在眼前了。

这会是什么呢?我猜测着。凯琳在一旁微笑地看着我。

我满怀希望地打开了盒子,却发现,盒子里什么也没有……我

的心突然间沉了下来,感觉自己受到了极大的侮辱。

"凯琳!"我一气之下,把空盒子摔在地上,"你难道不知道送人礼物时里面应该放东西吗?"

凯琳的笑突然就僵在了脸上,她也许没有想到会是这个结果。可是,如果换成是你,收到这空盒子作礼物,你难道不觉得受到了侮辱吗?"亏我还把你当成我的好朋友,哼,你现在竟然这样来侮辱我?"我连珠炮似的冲僵在一边的凯琳大喊。

凯琳默不作声地拾起那个被我摔在地上的盒子,看着我说:"玛莎,这是我送给你的礼物,它不是空的。"

"我又不是瞎子!"我鄙视地看了看那个空空如也的盒子。

"真的不是！"凯琳突然提高了声调，"我在里面吹了好多吻，代表我对你真挚的友谊。我希望你收到我的吻之后，生活中充满阳光，天天幸福！"

"啊？"凯琳的话，一字字撞在我的心上，我意识到我错怪了我唯一的好朋友了。

"嗯！"凯琳带着泪花的脸又笑开了，她冲我用力地点点头，把盒子再次递给我。

我把盒子捧在手里，宛若珍宝。

现在这只金色的盒子依然静静地放在我的书架上，每次看到它，就想到那里面装满了凯琳的吻，这是一个好友对我真诚的祝福和单纯的爱。

小故事大道理

朋友的礼物，不必太过贵重，应该珍视的是那份情谊。俗话说："礼轻情义重"，如果太重视形式，被世俗牵着鼻子走，再贵重的礼物也会显得轻了。

天使很意外

◇佚名

> 只有肚子饿的时候,吃东西才有益无害,同样,只有当你有爱心的时候,去同人打交道才会有益无害。
> ——列夫·托尔斯泰

在过街时被失控的汽车撞死了的他和他的宠物狗一起到了天堂门前。就在他们准备踏进天堂之时,一个天使难为情地拦住他俩,说:"对不起,今天天堂里只剩下一个名额了。因此,进入天堂之前你们要经过一项赛跑,谁最先到达天堂门口,谁就能进入天堂。"

主人一听,连忙问:"我的狗并不知道什么是天堂,什么是地狱,能不能不让它参加测试?"天使皱起了眉头,想了想,说:"在这里,每一个灵魂都是平等的,这个比赛,测的是灵魂的善良度,越善良的人速度越快。"

等他们准备好了,天使宣布赛跑开始。天使以为为了进天堂,他们都会拼命往前奔,谁知道宠物狗的主人却慢吞吞地往前走着,而那条可爱的小狗在旁边慢慢跟着,一步都不肯离开主人。看着他们就像饭后遛弯似的,天使突然间明白了:原来,这条宠物狗已经养成了习惯,永远听随主人的话,跟着主人,陪伴他。而可恶的主

人,正可以利用这一点,等到了天堂门口叫他的狗停下就可以了,因此,他才胸有成竹、稳操胜券地踱着方步慢悠悠地走着。想到这些,天使越来越鄙视他了,可是,现在是测试,她不可能对他们说些什么。果然,离终点还有几步的时候,主人停了下来,小狗也停止了前进,乖巧地坐在主人脚边。天使用鄙夷的眼神看着主人。然而,就在这时,主人扭过头来笑着对天使说:"我终于把我的狗送到天堂了,只要我再让它往前走几步,它就可以上天堂了。不过它陪伴了我那么多年,我舍不得离开它,所以我忍不住想要慢慢地走,多看它一会儿。现在天堂到了,请你照顾好它。"天使愣住了,不知道说什么好。

这时,主人让小狗往前奔跑,就在狗到达终点的一刹那,主人像一片羽毛似的轻轻地落向地狱。小狗见主人走开了,便急忙掉转头,追着主人狂奔……

小故事大道理

有些人自认为看破了红尘,看透了世事;在他们眼中,一切善行都是另有目的,善意的微笑也是矫揉作态,真诚的背后满是虚伪。这种人永远生活在黑暗中,因为他们缺少一双可以发现人间真情的眼睛。

萝莉夫人喜爱头花

◇佚名

> 不能用温情征服对方的人，用殴打也征服不了对方。
>
> ——契诃夫

一切理由都只为了爱。

"嗨，宝贝儿，今天在学校过得怎么样？"萝莉大妈正在打理她的小货摊，看见一个长得很可爱的小女孩背着书包进来了。

"你好，萝莉夫人。"

这时，小女孩注意到货摊上有一篮刚摘下来的卷心菜，她盯着那篮子卷心菜看。萝莉大妈注意到了小孩子的动作。

"宝贝，你妈妈的病怎样么了呢？"萝莉大妈接着问。

"好多了，能做饭给我吃了。"

"哦，那你要带点卷心菜回家吗？"萝莉大妈亲切地问道。

"不了，夫人，我没有钱。"

"嗯，那你有什么东西可以用来做交换的吗？"

"夫人，我只有一朵自己用毛线织的红头花。"

"是吗？让我看看你的手艺如何？"萝莉大妈好奇地说道。

"给你，我觉得它很好看呢！"说着，女孩从书包里掏出了一朵红色的类似鸡冠花的小头花。

"确实不错，宝贝，这是在手工课上做的吗？"萝莉大妈赞扬着小女孩。

"是的，夫人。"小女孩听到有人赞扬她的手艺，不由自主地笑了。

"可是，我需要一朵紫色的，你做紫色的头花了吗？"

"没有，不过，下次手工课，我会给您做一个。"

"好啊。"萝莉惊喜地说，"那现在你可以把这篮卷心菜拿回家了，等你下次来的时候，再给我带一朵紫色的头花。"

"好的，谢谢您，夫人，再见！"小女孩提着那篮新鲜的卷心菜回去了。

望着小女孩的背影，萝莉大妈的脸上漾起了笑容。

第二个星期，小女孩又出现在萝莉大妈的小摊子上。

"嗨，宝贝儿，回来了？"萝莉大妈一见小女孩，便微笑着和她打招呼。

"夫人，我来给您送紫色头花了。"清脆的声音快乐地荡漾在那个狭小的货摊里，这时，我才注意到，小女孩手里还拿着一朵非常漂亮的紫色头花。

"宝贝，你真好。来，我看看。"说着，萝莉大妈把头花拿到自己面前，仔细地欣赏着。"嗯，不错，可是，宝贝，我现在觉得还是橘红色的好看呢。"

"这样啊？"小女孩的脸暗了下来。

"别生气嘛，宝贝。"萝莉大妈连忙安慰着小女孩，"这样吧，今天你先带包豌豆回家，下周手工课后，你再给大妈编一个橘

红色的,可以吗?"

"嗯,好的,谢谢夫人,再见。"小女孩提着一包豌豆兴高采烈地回去了。

我问:"大妈,您这样做生意不吃亏吗?"

"大家都是邻居,还说什么吃亏不吃亏的呢?"萝莉大妈悄然一笑,"这孩子家里很贫寒,买不起菜。于是,我就想着法子给这个小女孩带点菜回去。当然,我不会要她的东西,我说要什么颜色的头花,只不过是给她一个理由,让她相信,这些菜并不是因为同情才施舍给她的。"

小故事大道理

有时候,如果过于随意地播撒爱心,那么零散而落的爱心也许会触伤弱小的心灵花蕾。那些需要帮助与抚慰的心灵原本就残损无力,也许只剩下那小小的自尊。所以,当你想抚慰一下这些受伤的心灵时,请轻柔一点,而不是大手大脚地展示你的虚荣心。

天堂里的真相

◇佚名

[既然我们都是凡人，就不如将友谊保持在适度的水平，不要对彼此的精神生活介入得太深。

——欧里庇德斯]

一位老人和他的狗行走在乡间的小路上，老人一边走，一边欣赏着沿途的风景。突然，老人意识到自己已经离开了人世，他回忆起临死时的情景，也想起身旁的这只狗早在几年前就死了，他不知道这条路将把他们引向何方，只是茫然地朝前走着。

走了一段路程，他发现前面路边高耸着大理石砌的围墙，围墙正中是流光溢彩的拱门，门上装饰着珍珠，非常华丽，门前的路由纯金铺就。老人兴奋不已，他想他们终于到了天堂。他带着狗朝着门走过去，只见门口放着一张有着精致雕刻的桌子，旁边坐着一个人。

"打扰一下，这里是天堂吗？"老人问道。

"是的，先生。"看门人回答。

"太好了！那你这里一定有水喝吧？我们赶了很远的路。"

"当然，先生。进来吧，我马上给你弄些水来。"看门人向身后做了个手势，那扇门慢慢地打开了。

"我的朋友也可以和我一起进去吗?老人指着身后的狗说。

"对不起,先生,我们这里宠物不能入内。"

老人沉默了一会儿,想到狗多年来对他的忠诚,他知道自己不可能就这样扔下它。他谢过看门人,转身带着他的狗继续前进。

长途跋涉之后,老人看见路边有扇破旧的木门。通往那扇门的是坑坑洼洼的土路,看上去那破门也似乎从来没有锁上过。他带着狗走了过去,只见门里面有个人在一棵老树下看书。

"打扰一下,"老人对看书的人说:"请问,你这儿有没有水喝呀?我们赶了很远的路。"

"当然,那边有个水龙头,"看书人指着门内看不太清楚的一个地方说,"进来,自己过去喝个痛快吧!"

"那我的朋友能进去吗?"老人指着他的狗问。

"也欢迎它的到来,水龙头旁边有个碗。"看书人说。

老人和狗进了门,果然,那边,有个老式的水龙头,旁边放着个碗。老人拿起碗接满水给狗喝,然后自己也美美地喝了个够。他们满足地离开了水龙头,回去找在树下等着他们的看书人。

"这是什么地方?"老人问。

"这里就是天堂。"看书人回答。

"哦,那就怪了,"老人说:"这里看起来不像是天堂啊,路上也有人说他那里是天堂。"

"你说的那个地方是不是有黄金铺成的街道和珍珠装饰的门?"

"对!那里简直是太漂亮了。"

"告诉你吧,那里是地狱。"

"原来是这样,你们不介意他们盗用了这里的名号吗?"

"当然不介意,他们为我们省了很多时间,替我们把那些为了物质享受而抛弃好朋友的人都挑走了。"

小故事大道理

真正的好朋友,无论是富贵还是贫穷,都会不离不弃。有很多人,可以和你一同享乐,却无法和你一起吃苦,膨胀的欲望便是友情的坟墓。

室友和睦的公式

◇邓笛

[没有弄清对方的底细,决不能掏出你的心来。
——巴尔扎克]

我总是邋遢。我并不觉得这样有什么不好。我常说,天才,尤其是创造性的天才都是不拘小节的。因此,我认为,大大咧咧的性格非但不是我的缺点,而恰恰说明我将来是一个干大事、成大器的人。然而,进了大学以后,我的室友可不这样认为。

我不知道我怎么会和凯英住到一起的。我们是完全不同的两个人。她做事井井有条,她的每样东西在她心中都有一个标签,用过之后总是会回到某个固定的地方。而我的抽屉里面经常是乱七八糟,杂乱无章。

我和凯英格格不入。她越来越整洁,我越来越邋遢。她抱怨我脏衣服老是不洗,我反感她把宿舍弄得到处都是消毒水的气味。她会把我的脏衣服推得离她远远的,我则会在她收拾整齐的桌子上乱摆上几本书。有一天,我们俩终于爆发了一场大战。那是十月的一天晚上,我已经躺在床上睡觉了,凯英回到宿舍发现我的一只运动鞋（那天刚运动过，气味确实不小）居然在她的床下面（我也不知道怎么会这样）。她勃然大怒（我不理解她何苦为一只鞋子生气），捡起我的鞋子朝我的床扔了过来。结果鞋子将我的台灯砸倒，掉落到地上，灯泡碎了，碎玻璃溅到我脱下来的衣服里（我脱下来的衣服随手扔在地上）。我跳下床，冲她大喊大叫，对她无礼的行为表示强烈不满。她也不甘示弱，同样冲着我大喊大叫。我们相互什么绝情的话都说了。

　　我相信，要不是一个电话，我们同宿舍的日子绝对不会超过一天。我们各自躺在床上互不理睬的时候，电话铃响了，凯英接的电话。我听得出这不是一个好消息。从凯英的话中我听出男友要与她分手了。虽然她的失恋不是我造成的，但是由于我刚刚与她吵了架，我总觉得心里有些愧疚。我对她产生了同情。毕竟，对于任何女孩子，失恋都是一个难以独自一人跨过去的坎儿。

　　我坐直身子，关注地看着凯英。只见她放下电话，钻进了被窝，用被子蒙住头。随着一声低沉的呜咽，那被子就抖动起来。压抑的哭声从蒙得严严实实的被子里传出来，把整个屋子灌得满满的，也触动了我心中柔软的地方。我不能无动于衷了。可是我该怎么办呢？我不想走到她身边去安慰她，一来怕她不接受，二来我也有小脾气——我心中对她的气还没有消呢。

　　我有了一个主意。我起身下床，悄悄地收拾宿舍。我把散乱在桌上的书插进了书架，将她丢在地上的衣服挂进了衣橱，还洗了几双已经放了若干天的臭袜子，接着我拿起了扫帚，认认真真地扫起地来。忽然，我看到凯英正看着我。不知什么时候，她把头从被窝里探了出来。我估计她看着我好久了，只是我非常投入地做事，没有注意到她。她的眼泪已经干了，眼神里透出了惊奇。我打扫完宿

舍,走过去,坐在她的床边,拉住了她的手。她的手是温暖的,而过去我一直认为她这样过于理性的人都是冷血动物。我看着她的眼睛。她对我笑了,说:"谢谢。"

凯英和我后来一直都是室友。我们相处得很好。因为通过这件事情,我们得出了一个公式:克己+恕人+保洁=和睦相处。

小故事大道理

世界上没有一个人是完美的,因为每个人都有自己的小毛病。与朋友相处,不能奢求对方能让自己事事顺心,因为你的毛病也许更多。保持平和的心态,学会自律与宽恕,与朋友取长补短,友谊才能天长地久。

假如不挺身而出

◇蒋光宇

> 不论是多情的诗句，漂亮的文章，还是闲暇的欢乐，什么都不能代替亲密的友情。
>
> ——普希金

十九世纪，在英国的名门公立学校——哈罗学校，常常会出现以强凌弱、以大欺小的不良现象。

有一次，一个膀大腰圆的高个子男生，拦住了一个比他矮半头的新生，蛮不讲理地命令他替自己擦鞋。新生初来乍到，不明白其中的"原委"，断然拒绝其无理要求。高个子男生恼羞成怒，一把揪住新生的头发，劈头盖脸地就打了起来，新生很有骨气，尽管痛得龇牙咧嘴却并不肯乞怜告饶。

那些旁观的学生或者是起哄嬉笑，或者是冷眼相看，或者只是一走了之。只有一个外表文弱，刚刚入学的男生，渐渐涌出了同情的泪水，忍不住愤怒地吼了起来："你到底还要打他几下才肯罢休？"

高个子男生朝那个又尖又细的抗议声音望去，原来只是一个身单力薄的新生，就恶狠狠地骂道："你这个不知天高地厚的家伙，真是狗拿耗子多管闲事！"

那个新生向前走了几步,用含泪的眼睛死死地盯着他,毫不畏惧地回答道:"不管你还要打几下,让我替他忍受一半的拳头吧!"

高个子男生听到这出乎意料的答案,不禁愣住了,羞愧地停住手……第二天,那个身单力薄的新生把自己连夜赶写的一首小诗,署名"无畏者",贴在了学校的《文学创作园地》上。诗是这样写的:

假如有人用暴力欺凌新生,我们不挺身而出,因为我们不是新生;

假如有人用暴力欺凌女人,我们不挺身而出,因为我们不是女人;

假如有人用暴力欺凌老人,我们不挺身而出,因为我们不是老人;

假如有人用暴力欺凌弱小,我们不挺身而出,因为我们不

是弱小；

假如有人用暴力奔我们而来，到了那个时候，还会有人为我们挺身而出吗？

这首题目为《假如不挺身而出》的小诗，在校园里引起了强烈的反响和共鸣。

从那以后，学校里反抗暴力、主持正义的呼声越来越高，见义勇为逐渐蔚然成风。

患难识朋友。两个新生结下了深厚的友谊，成了莫逆之交，当时那位被殴打的不屈少年，就是日后英国颇负盛名的大政治家——罗伯特·比尔；那位挺身而出、愿为陌生弱者分担痛苦的无畏少年，就是日后扬名世界的大诗人——拜伦。

小故事大道理

有一种为人所不齿的社会现象，就是围观。围观，即看热闹，当他人当众受辱的时候，凑上前去，幸灾乐祸一番，然后得到小小的满足。的确，灾难若不降临在自己的头上，痛苦永远都是别人的。

那片落叶最美丽
◇佚名

> 人的生活离不开友谊，但要得到真正的友谊却是不容易的。友谊需要用忠诚去播种，用热情去灌溉，用原则去培养，用谅解去护理。
> ——马克思

有一天，小布鲁斯在一本书上看到这么一句话："世界上有一种人，在生死攸关之时，他会把生命留给别人，而自己选择死。"

小布鲁斯从小就害怕"死亡"这两个字，所以，他一直认为书上的那句话是骗人的。但是，那天傍晚，小布鲁斯却非常认真而严肃地问他妈妈："妈妈，世界上真的有愿意为了别人而牺牲自己的人吗？"小布鲁斯满脸疑问。

"当然有了，孩子。"妈妈轻轻地对小布鲁斯说，"来，妈妈给你讲个故事吧。"这是发生在一个建筑工地上的事情。

年轻的杰克和比尔是一对同乡兼好朋友，他们都是优秀的建筑工人。一个深秋的傍晚，他们正在工地的大楼上干活儿，他们站的地方距离地面有十几米高。突然，只听得"啪"的一声，他们还未反应过来，两个人就同时从十几米的高空落下。原来，他们踩的脚板突然断裂了。那一瞬间，他们都认为自己完了。幸运的是，空

中的一条横跨相邻两幢楼的防护杆救了他们。但他们两个人实在太重了，而这防护杆却如此脆弱，最多能承受一个人的重量。他们，必须有一个人放开手。然而求生的本能使他们都紧紧地抓住防护杆不放。时间一分一秒地过去了，没有人放手。防护杆在吱吱作响，仿佛再过一秒钟就要断了。这个时候，比尔深深地看了一眼杰克，说："坚持住！"说完，他果断地松开了自己的手，然后，像一片树叶一样飘向了水泥地面。他留给人间的最后一句话是："杰克，你的孩子和家人还需要你的照顾。"

"妈妈，真的发生过这样的事吗？"小布鲁斯认为妈妈也是在撒谎。

"宝贝，那个得救的人杰克就是你爸爸。比尔叔叔说的孩子就是你。"妈妈眼里含着眼泪，泣不成声地说。

空气顿时凝固了。小布鲁斯望着妈妈,眼前闪过一片秋天里最美丽的叶子,那是他从未见过的比尔叔叔,正微笑地看着小布鲁斯……

小故事大道理

当比尔像落叶一样飘落下去的时候,他心里一定没有后悔,而是充满了对杰克的祝福与对这个世界淡淡的留恋。正因为还有这些舍己为人的美丽心灵,这个世界才充满了希望。

第五辑
朋友与陌路

一个点头，一次微笑，一声问候，就这样简单朴实，却可以让你我从封闭中走出来，去赢得更多的朋友。

一杯咖啡的价值

◇佚名

[不速之客只在告辞以后才最受欢迎。
——莎士比亚]

阿里和琼斯是很要好的邻居。

小时候,阿里家里生活很困难。一个冬天,天下着雪。阿里的父母为了养活家人,一大早就出去干活儿了。夜幕降临的时候,他们还没有回来,只有阿里一个人在家。冷冷的房间,没有煤炉点火取暖。阿里一个人,又冷又饿地蜷缩在角落里,盼望着,等待着父母的归来。

"咚、咚……"传来了敲门声。这会是谁呢?阿里打开门,只见瘦小的邻居琼斯站在寒风中。

"阿里,你能去我家陪我吗?"琼斯似乎有点害怕地问阿里。"我爸妈还没有回来,我一个人有点害怕。"

"别怕,有我。"勇敢的阿里牵着琼斯的手,来到琼斯家里。

琼斯家里很温暖,炉火闪耀着明亮的光芒,照亮了外面冷冷的世界。"阿里,我喜欢喝咖啡,给你也冲一杯。"说完,她自顾走

开了。不一会儿，琼斯端来两杯热气腾腾的咖啡。

"真香！"阿里小心地喝了一口，一股热流涌进心间，驱散了一天的寒冷。小琼斯又端出了好多好吃的点心，不停地塞给阿里。

两个小孩，坐在炉子旁边，喝着香甜的咖啡，烤着炉火，红红的火苗，映照着两人红彤彤的脸。终于，阿里的父母回来了，阿里带着温暖回到自己的家里。而后不久，阿里随父母搬到了另外一个城市，告别了可爱的琼斯。

多年以后，步入中年的琼斯，有一天突然病倒住院，需要动手术。当琼斯终于安全地躺在病床上的时候，却开始为医疗账单担心了。她知道，她是无法支付那庞大的费用的。因为这些年的收入，几乎全用来支持贫困儿童了。当账单送到手中的时候，琼斯闭着眼睛，久久不敢打开来看。最终，她下定决心，打开了。然而，她却惊呆了，泪水缓缓地流了出来。

原来，所谓的账单，只有一句话——"当年的咖啡，足以支付此笔费用。"

小故事大道理

什么样的东西最有价值？不是璀璨的珍珠，也不是耀眼的宝石，而是旱年的雨，雪中的炭，还有一段段美好的回忆。

谁是朋友

◇佚名

> 人生最美好的东西，就是他同别人的友谊。
> ——林肯

温友庆下岗后，一时找不到工作闲着无事，打算回小县城暂居一段时间，但又怕信息不灵，误了找工作的机会。因此临走前，便请十几个特铁的哥们吃了一餐。

酒酣饭足脸红耳热之时，温友庆趁机要哥们帮忙留意一下招工信息。

王东涨红着脸嘟囔道，这算个什么事，我们兄弟多活动活动，帮大哥找份轻松活儿。"对！"朋友们神情激昂，拍胸脯拍大腿保证，一有什么信息立刻通知大哥。

温友庆看到哥们如此神情激昂，含着泪说："谢谢！谢谢！小弟找到工作后，再请大家喝酒。"这时，一直在喝闷酒的张强站起来，歪着脸向温友庆劝酒。建议他回县城开一店面，弄些钱解决温饱，静心发挥特长，自由自在的，比找什么工作强多了。此话一出，热闹的场面突然安静下来了，大伙全瞪着张强。

温友庆不高兴了，心想：这人真不够朋友。于是只将联系电话告诉其他几个，便黯然离开。

温友庆回到县城，整天待在家里无事干，人也没了精神。妻子劝他在家看看书，写点东西什么的，别憋坏了。可他老惦记城里的工作，惦记哥们帮他找到工作后打电话来。他往往写一会儿东西瞧一下电话机。如果有事外出，一回来就慌忙去翻看电话的来电显示，然而半点音讯也没等到，温友庆觉得日子挺难挨。

半年后的一天晚上，温友庆看完央视的新闻联播，回房间里看书，烦躁地东翻翻西翻翻。

这时，张强裹着寒气闪身进来。温友庆给他温了酒，责怪他不预先打个电话，好去接他。张强说："你又不给我留个电话，害得我急火火跑来。江中市晚报招记者，报名截止是明天中午，我是专程来通知你的。"

温友庆应聘当上了记者，在友谊酒楼请朋友们喝庆祝酒。喝着喝着，王东大声说："晚报招聘广告一登出来，我就打电话过去了，嫂子接的。我知道大哥准成，嘿……来，喝酒。"温友庆心里掠过一丝不快。

接下来，一哥们说广告公司招人，打了好几次电话却找不到大哥。

另一个说IT通讯公司招业务主管我还帮大哥报了

135

名,打了几次电话也联系不上。

一个比一个说得动听,温友庆的脸却越来越沉。这时,一言不发的张强站了起来,举起酒杯说:"大家都为大哥的再就业操碎了心,都出了不少力。现在我们不说这些,大家都来喝酒,干!"

"对,干!"声音嘈杂而高亢。温友庆暗地里用力捏了捏张强的手说:"好朋友,干!"泪水在眼里直打转,他嘴巴动了动,好似想说些什么,但他望望喝得满脸通红的众人,什么也没说。

小故事大道理

交朋友用心,而不是用酒;帮朋友用行动,而不是用承诺。十句不着边际的热心话,也比不上一次真心真意的出手相助。

靠窗的位置 ◇张翔

> 友谊的最大努力并不是向一个朋友展示我们的缺陷，而是使他看到他自己的缺陷。
> ——拉罗什富科

朋友从动荡不安的耶路撒冷回来后，就迫不及待地带着他的妻子约我见面。

那天，我见到了他，他显得有些疲惫，显然是没有倒过时差，但是他的兴致却很高，嚷着要好好逛逛。于是，我们一群人就开始在城里东游西走，谈论着许多的话题。累了的时候，我们就挑个休息的地方坐着喝点东西，等休息好了，再继续逛。这样一来，我们看上去像一群贪婪的观光客，迫不及待地感受着这座无比熟悉的城市的景致。朋友似乎显得更为急切，即便每次停下脚步坐下来吃东西的时候，只要是临窗的餐桌，他都忍不住抢先坐在靠窗的位置，不停地打量着外面的风景。

恰巧那天，小侄子闹着要和我去逛，他年纪小，自然躁动了些，每次也抢着要靠窗坐着。但朋友总把他一提，摆到了对面，不让他靠近窗口，俨然是一个贪婪的大孩子。

手足间的馈赠

  下午的时候，我们逛完了半个老城，觉得该停下来吃点东西了，于是又找了一家比较有本土特色的饭馆坐下来吃饭。店里顾客自然很多，但非常巧的是，我们正好碰到了一个靠窗的位置。朋友这一次还是抢先坐到了靠窗的位置，可是我的小侄子这一次实在憋不住了，闹腾着一定要坐靠窗的位置。

  于是我就对朋友说："你让他坐窗边吧。"

  朋友眼中闪过一丝忧虑，说："窗边多危险啊！"

  "没关系，这窗户这么厚实，而且都是固定好的，怎么也掉不下来的……"

  "可是……"朋友还要说话时，他的妻子忽然笑了起来，指着他的脑门说："这里是中国啊！你真是又犯糊涂了！"

  朋友也大笑起来，忍不住直拍自己的脑袋，一副恍然大悟的样子。

  "他时差倒过来了，脑子又犯糊涂了，连坐个窗口都战战兢兢的。"他的妻子一脸爱怜地看着他，笑着解释说，"你要知道，在耶路撒冷那段时间里，我们每天都诚惶诚恐地活着，就连

每次吃饭都不愿意挑靠窗的餐桌,如果不得不坐在靠窗的餐桌时,他总是很大男人地坐在靠窗的位置。这样的话,遇到恐怖袭击,可以把我挡住……"

听到这里,我心里顿时涌起一股巨大的感动,原来朋友每次抢着坐靠窗的位置,其实只是下意识地将安全留给我们,把危险留给自己。

小故事大道理

靠窗的位置虽然能看到更多的风景,但也把自己向窗外敞开,承担了更多的风险。一个有担当的人,会为他的亲人与朋友挡风遮雨。得友如此,夫复何求!

二十三年后归来

◇佚名

> 显示出对别人的欢乐不屑一顾的样子，那是侮辱了别人。
> ——玛格丽特·尤瑟娜尔

　　顺治十四年，在江南发生了一件震惊全国的科场案。素有"江南奇才"之称的吴兆骞参加了当年的科考，因此卷入了此案，被发配到宁古塔。从顺治十六年到被纳兰性德营救出来，他在东北整整待了二十三年。

　　顾贞观比吴兆骞小六岁，两人因文结缘，成为莫逆之交。后来，顾贞观进入当朝大学士明珠家当私塾老师，为其公子纳兰性德授课。两人见面后，相见恨晚，于是日日在一起读书识文，很快就成为好朋友。

　　那天，顾贞观因为思念还在东北的吴兆骞，便填了两首《金缕曲》，将自己对朋友的思念和牵挂之情嵌入其中。后来，纳兰性德无意间读到了这两首词，当读到"廿载包胥承一诺，盼乌头马角终相救。置此札，兄怀袖"，"薄命长辞知己别，问人生至此凄凉否？千万恨，为兄剖"时，多愁善感的纳兰性德不由感动得流下了

眼泪。顾贞观本有意请纳兰性德帮忙营救吴兆骞,因此,便趁机提出此事。纳兰性德不假思索地答应了,但他也多少知道此事有很大的难度,所以跟顾贞观说,希望能给他十年时间。可是,人生有几个十年?顾贞观一听急了,说:"人寿几何?请以五载为期。"

后来,纳兰性德恳求自己当宰相的父亲帮忙营救,终于,在吴兆骞五十一岁那年,在宁古塔流放了二十三年的他终于告别了宁古塔,南归了。回到北京时,三人相聚,顾吴相拥而泣,"执手痛哭,真如再生也"。

吴兆骞回到北京后,纳兰性德担心他没有地方住、没有事情干,便安排他到家里教自己的弟弟读书。在纳兰性德家,他们两人成了无话不谈的好友。两年后,吴兆骞返乡探亲,不幸的是,还没有回到家乡,便因感染了风寒而过世了。纳兰性德听到这个消息后,亲自护送吴兆骞的灵柩回家,并出资为他操办后事,还安排好其亲属的生活。

小故事大道理

当朋友落难的时候,你是出手相助,还是袖手旁观呢?事实上,危难正是检验友谊的试金石,答案只有两个:朋友或局外人。

哑巴打电话
◇佚名

> 花朵以芬芳熏香了空气，但它的最终任务，是把自己献给你。
> ——泰戈尔

中午时分，吃过午餐的我一个人到小区楼下转悠着。突然，听到旁边小卖店的杨伯伯在喊我的名字，于是，便走过去和他打了招呼。

杨伯伯见我过来，松了口气，说："你来得太是时候了，你来帮这女孩打个电话吧。"我这才注意到，在柜台旁边还站着一个长得很清秀的女孩，眼睛里满是期待地看着我。杨伯伯说，这是一位哑巴，想给自己的朋友打个电话，但是他得忙着照料生意，所以，希望我能帮个忙。正好我也没事，便满口承应下来。于是，我接过女孩递过来的纸和笔，写道：你写我说。

女孩感激地对我笑笑，开始在纸上写着她要说的话。我则开始拨她写在纸上的号码，电话通了，我却愣了一下，因为女孩"说"她要找的是一个女孩，而现

在接电话的是个男人。对方似乎听出了我的惊讶，便解释说，他也是帮着接电话的，他那边的也是个哑巴女孩。

于是，我们这两个不相干的人充当了传话筒，在两边喊来喊去。她说，她想念一起去海边看日落的时候。那边的她说，她帮她织了一件毛衣，要寄过来。她说，要很长时间才能回去，请帮她有空去看看她的父母。她说，收到了寄来的照片，好像瘦了点呢，要多吃点东西啊……电话通了近二十分钟。在等她写话的时候，我看她微笑而认真的模样，忽然间，为我们四人的默契一阵感动。

打完电话，女孩露出快乐的笑容，她"说"谢谢我，然后她告诉我，那头是她最好的朋友，约好每个星期的这个时间打电话。自从她来这里上班之后，一直坚持到现在。最后她在纸上画上了一颗小小的心，然后撕下小纸片放到我手里，付钱离开了，走出店门的时候还回过头来朝我微微一笑。

我告别了杨伯伯之后，便继续在小区里转悠，然而，一路上，满脑子都是刚才的情形。我想，没有生理缺陷的我们，随时可以打电话，也可以上网聊天，很容易便可联系到朋友，可是不知道为什么，除了工作上的联系外，其他发自内心的联络却越来越少。眼前又出现了那个可爱的女孩，她虽不能开口说话，可仍然坚持通过别人的传话告诉对方，我在惦念着你。想到这，我掏出了手机，拨通了一个久违的号码，一个激动的声音传入我心……

小故事大道理

两个人相识久了，就会从新朋友变成老朋友。因为现实或心灵间的距离，老朋友会渐渐远去，取而代之的是一些新朋友。然而，许久不联络的老朋友并不代表已经忘记了对方，这时候，一个小小的电话，就能把彼此的回忆勾起。

一块钱老板

◇佚名

[做一个善良的人，为群众谋幸福。
——高尔基]

　　山姆在下班回家的路上，突然发现一个中年男子坐在林荫路上，旁边放着一个破旧的皮包。急于赶路的山姆匆匆而过，并没有留意他。山姆是最近才找到这份临时工的，以前上班的公司倒闭了，一分钱都没有拿到。贫困的山姆平时一天只有一块钱的生活费，公司与家之间将近两个小时的路程，山姆每天都是走路去走路回。

　　第二天，山姆上班时，看见那个男子还坐在路边，山姆友好地跟他打了声招呼。

　　下班时，山姆看见那个男子还是以那个姿态坐着。这次，在山姆经过时，那个陌生的男子先跟山姆打招呼了："先生，您好！"

　　"嗨，你好！"山姆愉快地回答着，"你是不是一直都在这里啊？"

　　"我是来这里工作的，但是，我刚下车，就遇到了小偷，这不，他把我所有值钱的东西都偷走了。"男子真诚地说道，"我想

向您借一块钱,吃饭。明天我就能去上班,上班就能预付第一个月的工资。"

山姆看他不像是骗人的样子,可是,自己身上仅有一块钱,给了他,自己就只能饿肚子了。"可是,我现在只有一块钱,还是今天的饭钱……对不起,我不能帮你。"说完,他愧疚地走开了。

叹息,在山姆身后长长地响着。

刚走几步,山姆停下了脚步,心里挣扎着:他一个人来到这个人生地不熟的地方,一块钱就能帮他度过今晚;而我,在这里,还有妻儿、朋友,一块钱……想着,他又返回去了,对那个男子说:"你拿这一块钱去吃饭吧,我回家去吃。"

"谢谢！谢谢！谢谢……"接过那张在山姆口袋里揣得热乎乎的一块钱，男子不停地说着感激的话。

就在山姆快要忘记这件事的时候，那天，他如同往常一样经过那条上班的路，那个男子又出现了。远远地，他看见山姆就跑了过去，在山姆还没弄清楚发生了什么事之前，男子给他鞠了一个躬，然后说："我今天是特地来还那一块钱的。"

"一块钱而已，何足挂齿？"山姆摆摆手，正想往前走，赶去上班。

"不是这样的。我想请你去我的公司里上班，我现在是一家大公司的人事主管。多亏了你那天借给我的那一块钱！"

后来，山姆不管是家庭还是事业都一路顺风：妻子生了儿子，而他先是在男子所在的那家公司上班，两年后，他与男子合伙创业，成了老板。而这一切，都是从那天下午他送出身上仅有的一块钱开始的。

小故事大道理

举手之劳的帮助，看起来微不足道，但对需要帮助的人来说，可能是雪中送炭。比如有人推车上坡，就差一点力道，便能越过坎坷。你上前推一把，这并不难，但对推车人来说，山坡过后，前方是一路平坦。

朋友与陌路 ◇慧玲

> 投之以木瓜,抱之以琼瑶。匪报也,永以为好也。
> ——《诗经》

人心是微妙的,从陌路成为朋友,中间总有断续,如果你是诚心的,就拿出微笑的勇气吧。

那夜,轮船晚点了。我坐在候船厅里,有些闷得慌。旁边一位文静的女孩,学生模样,沉默如谜,很是让人好奇。

"哎,请问你是哪个学校的?"

"河海,你呢?"

"南大。"

"哦,我们正好同路。"

上船之后,我帮她换船票,她替我打开水,仿佛早已熟识的朋友。那是寒假归来,彼此的包里都还有些从家里带来的菜肴,我们就一起分享。吃完了,又一起到船尾甲板上。夜晚的江面宽广而空旷,两岸黑丛丛郁森森的,无限幽深古远,恍若一片永恒。四周静悄悄的,一切的言语已是多余。我们有相近的年龄,

有相似的经历，有许许多多共同的话题，可在这样的夜里，谁也没有打破这沉默。

轮船抵宁时，黎明匆匆从天外直透下来。同舱的一位男青年送我两个青苹果，我微笑着谢了他，并只取了一个。他很客气地对我说："另一个是给你女朋友的。"

我的脸一下子就红了。

上岸后，我和她交换了地址。一到校，几乎同时向对方发出了热情的邀请信，但是，因为忙碌和拖拉，我们没有互相造访，只是心底一直存留着一份记挂与回味。

一年以后，漫不经心地走在大街上，远远看见打扮入时的她迎面走来，我的脚步禁不住稍稍止住，然后，擦肩而过。也许，她早已不记得我了。

又过了一年，我出去实习，碰到一个女孩，很像她。我们每天步入同一栋大楼，乘同一架电梯，电梯内常常很多人，我们总是要穿过众多的人头很专心地看对方一眼，而表情却显得非常平静。我们没有讲过一句话，甚至，没有一个浅浅的微笑，完全是陌生人的样子。也许，本来就是陌生人嘛。

开实习总结告别会那天，我去得特别早。正巧，她也来了，电梯里只有我们两个人。想到此后恐怕再也没有见面的机会了，就鼓足勇气对她友好地笑一笑："你早。""你早，怎么不到我那边去玩呢，是因为有了女朋友吗？"

原来正是她！她并不曾将我遗忘。

许多时候，我们误以为对方已将自己遗忘，如果对方也这样想，就只能近在咫尺却两心遥遥。而实际上，就算真的已经遗忘，我们主动地打声招呼，不见得太难堪，毕竟，记忆可以被唤醒。即

使不能唤醒，大不了对方做惊讶状，这对我们又有多大损失呢？

在我们前行的生命之途所结识的每一个人，既可以成为朋友，也可以成为陌路。当你很愿意与对方交往时，就立刻给他写封信或者打个电话吧。若是见了面，就毫不犹豫地打声招呼，不然，你或许会永远失去他们。

是的，一个点头，一次微笑，一声问候，就这样简单朴实，却可以让你我从封闭中走出来，去赢得更多的朋友。

小故事大道理

友情这东西是历久弥新的，虽然有时候会被深埋进土壤，或者被束之高阁，但在某一天，突然掀开那尘封已久的酒坛，你仍会闻到更加浓郁的清香。

半个世纪的友谊
◇佚名

> 一个年轻时只顾自己的人，将会变成一个非常吝啬的人，老来便是一个无可救药的守财奴。
> ——豪斯

1776年，杰斐逊和麦迪逊认识了。

两位志同道合的革命者，在一同的革命工作中建立了深厚的感情。他们一起努力推动美国革命。当美国革命取得胜利的时候，两人又一起为政府拟定新草案。在这些合作中，两人有过欢乐，也出现过矛盾。但是，无论如何，他们一直志同道合地朝着共同的目标迈进，在这些合作中孕育出了亲密无间、坚不可摧的友谊，这份友情历经多年，依然未变。

五十年后，年老的杰斐逊已经重病在身，在病榻上他提笔给自己最好的朋友麦迪逊写了一封信。他在信中说："你我之间的友谊已经走过了半个世纪，我们在政治原则与追求上取得的成果给我带来了无限的幸福和快乐。我相信你还在为我们一生致力的事业努力着。然而，我感到自己已经不久于人世了，请你照顾我的身后之事，也请相信，我的友情永远和你同在。"

麦迪逊很快就给他回了信。麦迪逊说:"在过去的漫长岁月中,你我的友谊与一致的政治观,总令我在回想时心中无比感动。它们给你带来欢乐,于我又何尝不是如此?我们肩负人民的信任,为大众鞠躬尽瘁,从中获得的幸福感是难以泯灭的。我坚信,无论当前对我们的批评怎样,我们的一切贡献,下一代人必将给予公断。"

小故事大道理

一份真挚的友谊,足以保留一生;一个志同道合的朋友,可以在人生的道路上一路同行,即使你最终倒了下去,他也会背负起你的愿望,替你把路走完。

朋友有什么用

◇佚名

> 益者三友，损者三友。友直，友谅，友多闻，益矣；友便辟，友善柔，友便佞，损矣。
> ——孔子

李征和我是大学同学兼舍友，我们是很要好的朋友。毕业后，他到了旅游局，而我进了检察院。

那时候，在这个陌生的城市里，我们互相帮助，互相鼓励，快乐地生活着。但是，就在我们以为我们的友情会天荒地老的时候，它忽然间"拐弯"了，他为了买车，挪用公款八万元。事发之后，他不止一次地要求我替他求情。可我无能为力，因为，法律对任何人都是平等的。他的家人也多次找到我，看着他父母那老泪纵横的样子，我很难过。毕竟，李征是他们家唯一的希望，可是在法律和证据面前，我真的什么也帮不了！我只好反复做他们的工作。最后他妈妈冷冷地说："真不知道要你这个朋友有什么用！"然后甩门而出。那以后，他父母再也没来过我们家，而节假日我去看望他们的时候，总被他们冷冷地拒之门外。

我去监狱看李征，开始的时候，他总是拒绝我的探视。他只

是叫狱警给我传话说,不想再见我。然而,我知道,我们这几年的友谊并不能说丢就丢,每逢节假日,我都会去探监,去看望他的家人,尽管遭受冷落。

皇天不负有心人,终于有一天,他愿意出来见我了。相见无言,过了很久,他才很无奈地说:"算了,朋友本来就没有什么用的。"我知道,在内心深处,我们都不愿意失去彼此。

在他出狱那天,我去接他。我把他带回了我家。

那天,我俩喝得酩酊大醉。他痛楚地问我:"朋友有什么用呢?"我笑着说:"没有什么用,朋友本来就是没用的。"过了好一会儿,他突然丢掉酒杯,紧紧地抱住我,哭了,那哭声,是对过往的怨恨的释怀……

小故事大道理

朋友有什么用?只要这么想,你就错了。朋友不是用来"用"的,夹杂着利益的友情不叫友情,而叫互相利用。

子弹瞄准大灰狼
◇佚名

[人生得一知己足矣，斯世当以同怀视之。
——鲁迅]

　　从前有一个人，他养了一只狗，还有一只老鹰，天长日久，他和这两只小动物都成了好朋友。平时，他吃什么，小动物们便吃什么。白天，他们如影随形；晚上，小狗和老鹰便为他站岗，尽管他也很希望动物能和自己一起休息。

　　有一天，他要外出去打猎了。小狗和老鹰也跟着去了。

　　他们走着走着，来到了一座大山前。眼看太阳正当空，于是，他便停下来休息，左手搂着小狗，把老鹰放在肩上，倚着一棵老树，开始闭目养神。正在睡意蒙眬之时，突然，一只张着血盆大口的大灰狼从旁边的灌木丛里蹿了出来，气势汹汹地吼叫着。

敏锐的小狗嗅到了战争的气味，从他的手中挣脱，猛地扑向凶猛的大灰狼，一下子死死地咬住了狼的下巴。而老鹰，则飞到大灰狼的背上，不停地用自己锋利的爪子和嘴抓挠着大灰狼。狼撕咬着胸前的小狗，发出可怕的吼声。

这时他被惊醒了。他惊慌失措地捡起自己的猎枪，用颤抖的手扶着枪，瞄准大灰狼。

然而，就在此时，大灰狼拖着沉重的身体往他这边发了疯似的撞过来了，他已经被吓得瘫了、傻了，不知道要躲闪了。说时迟那时快，老鹰突然间飞到大灰狼面前，朝狼的眼睛上一啄，只见大灰狼发出撕心裂肺的惨叫，倒在了地上，眼睛汩汩流着血。

小狗趁机死死地咬住狼的脖子不放。

终于，他缓过了神，急忙拿起猎枪，瞄准了大灰狼。子弹出去了，不偏不倚，打在了大灰狼身上。大灰狼应声倒地而亡，然而，小狗也一同倒下了。可是，它依然死死地咬着大灰狼不放。

老鹰在上空盘旋着，他默默地收拾着小狗的尸体，那紧紧咬着大灰狼的嘴，至死都不放松……

小故事大道理

人世间的友情掺杂了太多的杂质，相比之下，动物的情谊更让人信赖。人类总是想得太多，做得太少，把很纯洁的东西搞得乌七八糟。

海这边的友情

◇佚名

[换我心，为你心，始知相忆深。
——顾夏]

　　从微机培训学校毕业后，我到网吧当了一名网管员。在那些来网吧的人中，有一个二十多岁的女孩子引起了我的注意。

　　女孩子穿着朴素，文静秀丽。每天晚上八点，她准时走进来，然后在角落里坐下来。两个小时后，她又准时离开，几乎形成了规律。不管刮风下雨，天天如此。

　　我曾偷偷观察过她，和我想的一样，她在聊天。她的手指在键盘上灵巧地飞舞着，脸上洋溢着掩饰不住的开心。有时是极力压抑的笑，有时是那种甜蜜的微笑，很幸福的样子。不用说，又一个可怜的女孩陷入了网恋中。

　　有一次，我巡视时经过她的身边，见她正在发照片，是一组海景，碧海蓝天，帆船点点，沙鸥展翅，浪花翻卷，照片拍得相当不错。在她的手边，放着数码相机，看来，是她亲手拍的。有一张她站在海边的照片，拍得特别美。发过去之后，我看见她的嘴角现出

无法述说的得意。

我在想，要不了几天，她准会去见网友。果然，一向准时的她，已经有三天没来了。第四天她出现在网吧时，我吓了一跳。她的脸色十分苍白，两眼深陷，眉头紧皱，手下意识地捂着小腹。看她的样子，仿佛这几天经历了什么打击似的。

她还是找了个角落坐下来，又开始聊天，脸上浮现着淡淡的笑意。我在心里是又可怜她又生她的气。这次她聊了不到一个钟头就下线了。可是她几次想站起来都没有成功，脸色白得吓人，我赶紧过去搀起了她。她努力地笑了笑，说谢谢。

我把她搀到休息室，让她先歇一会再走。然后，我知道了她的故事。

一个月前，她的好友因药物中毒失去了听力。人几乎崩溃了，整日把自己关在小屋子里，拒绝说话，拒绝与外界的一切联系。在海这边的她心急如焚，打电话她听不到，就给她写信，可是写信太慢了，她就想到了上网。她从来没上过网，也不会打字。可是为了朋友，她竟一个星期就学会了打字。朋友喜欢海，她省吃俭用买了数码相机，为朋友拍了海景，在网上传过去。她在一家制衣厂打工，比较偏僻，下了班再坐车来这就得一个小时。她必须在晚上

十一点前赶回去。因为她住的地方十一点就关门，过了这个时间谁也进不去。所以，她每晚只能和朋友聊两个小时。三天前，她做了阑尾炎手术。可她的心里，却怎么也放不下好友，怕她寂寞，怕她失望。她说，好友自从上网和她聊天，自从看到那些照片，已经变了很多，还为照片配上了文字，那些文字写得真美。说到这，她苍白的脸上现出舒心的笑。

我看着这个身材单薄的女孩，心里涌上了久违的感动。

小故事大道理

如果你有这样一种朋友：她在你开心时不一定会出现，在你伤心或失落时却一定会来安慰你、陪伴你，分担你的痛苦。不管她离你多远，即便是天涯海角，你也会感受到她带给你的温暖。有她，你一生都不会孤单。

阅读反馈

_____学校 ___年级___班级 姓名_____指导教师_____

一、选择题

1.在《圣诞节的卡片》中，爱比在卡片中读到了什么？（ ）

   A.感激　　B.友谊　　C.痛苦　　D.快乐

2.在《冠军忽然停下来》中，李明为什么停下来？（ ）

   A.崴脚了　　B.朋友摔倒了　　C.跑不动了　　D.鞋掉了

3.在《原来毛驴很厉害》中，毛驴哪一点比较厉害？（ ）

   A.走山路　　B.打架　　C.奔跑　　D.踢人

4.在《球约》中，孩子们长大后要怎样履行儿时的约定？（ ）

   A.建希望小学　　B.建篮球场　　C.一起打球　　D.组建球队

5.在《这只小狗不吃肉》中，小狗为什么不吃肉？（ ）

   A.吃饱了　　B.肉不好吃　　C.胃疼　　D.想念主人

6.在《被埋四十八小时之后》中，比尔坚持不懈地要挖开废墟，为什么？（ ）

   A.听到呼救声　　B.要把好友安葬

   C.一个约定　　D.做了噩梦

7.在《最珍贵的礼物》中，最珍贵的礼物是什么？（ ）

   A.钢笔　　B.笔记本

   C.毛绒玩具　　D.朋友的吻

8.在《一杯咖啡的价值》中，阿里长大后从事了什么职业？（ ）

   A.老师　　B.法官

   C.医生　　D.记者

二、简答题

1. 在《替胆小鬼辩护》中，鲍叔牙都在哪些地方帮助了管仲？

2. 在《学会婉转地表达》中，如果你是智者，你会给年轻人怎样的忠告？

3. 在《战壕里的笑容》中，加诺死得值吗？

4. 在《驼背老人的大碗拉面》中，驼背老人欺骗朋友的用意是什么？